外部知识获取对企业绩效的影响研究

绿色动态能力的作用

郭颖◎著

中国经济出版社
CHINA ECONOMIC PUBLISHING HOUSE
·北京·

图书在版编目（CIP）数据

外部知识获取对企业绩效的影响研究／郭颖著．—北京：中国经济出版社，2023.7

ISBN 978－7－5136－7357－0

Ⅰ．①外…　Ⅱ．①郭…　Ⅲ．①知识获取－影响－企业绩效－研究－中国　Ⅳ．①F279.23

中国国家版本馆 CIP 数据核字（2023）第 111487 号

责任编辑　郭国玺
责任印制　马小宾
封面设计　任燕飞工作室

出版发行　中国经济出版社
印 刷 者　北京柏力行彩印有限公司
经 销 者　各地新华书店
开　　本　710mm×1000mm　1/16
印　　张　11
字　　数　160 千字
版　　次　2023 年 7 月第 1 版
印　　次　2023 年 7 月第 1 次
定　　价　98.00 元
广告经营许可证　京西工商广字第 8179 号

中国经济出版社　**网址** www.economyph.com　**社址** 北京市东城区安定门外大街 58 号　**邮编** 100011

本版图书如存在印装质量问题，请与本社销售中心联系调换（联系电话：010－57512564）

目 录

绪论

随着经济全球化进程的加快和知识经济的深入，企业界正在见证从“封闭式创新”模式向“开放式创新”模式的转变，许多企业开始通过外部知识获取寻求新的发展路径，使原有的技术和商业模式得到优化和升级，进而提升企业竞争力。我国企业在资金、技术、管理经验等方面的欠缺制约着经济的发展，外部知识获取成为我国企业适应全球化形势、抓住全球化机遇开展创新的重要选择。随着生态环境的恶化和可持续发展诉求的增强，市场竞争格局也发生了剧烈变化，绿色创新成为企业应对绿色趋势以获取竞争优势的重要战略。虽然已有研究已证实外部知识获取对企业创新和提升绩效发挥着重要作用，但目前仍然存在的问题是：在可持续发展背景下，企业外部知识获取如何作用于企业绩效？企业如何通过实施绿色创新将外部知识获取有效转化为企业绩效，进而实现企业环境绩效和企业经济绩效的双赢？在中国新兴经济背景下，绿色动态能力对外部知识获取有效转化为企业绩效如何影响？本章将重点介绍研究背景，分析研究意义，界定研究问题，进而介绍研究方法、研究内容及技术路线。

第一节　研究背景

随着经济全球一体化的加深，全球创新形势发生了很大的变化。特别是进入21世纪以来，企业逐渐从“封闭式创新”模式转变为“开放式创新”模式。开放式创新是企业通过有目的地利用知识流入和流出快速跟踪创新，进而从流程和产品创新中获取利润的认知框架（Kumar et al.，2019）。开放式创新鼓励企业在创新过程中加强知识流动，充分利用企业从外部获取的知识。外部知识获取是开放式创新的重要组成部分，越来越多的企业通过外部知识获取寻求新的发展路径，使原有的技术和商业模式得到优化和升级，进而获得核心竞争优势并提升企业绩效。

改革开放以来，我国经济得到快速发展，但与世界先进水平相比还存在较大差距。我国企业技术基础薄弱，单个企业知识积累有限，仅靠自身知识积累进行高成本的创新活动难以适应日益激烈的竞争环境。例如，一些企业局限于既有的组织资源、知识和能力，在知识和技术水平方面难以提升，无法应对复杂多变的市场需求；一些企业无视外部众多优秀且廉价的同类创新成果而“闭门造车”，在面对创新挑战时缺乏可选的解决方案，增加了企业的经营风险；一些企业忽视了外部市场知识中客户需求偏好的快速变化，导致大量的技术因与市场需求相脱离而被束之高阁，无法获利。如何改变这一现状，已经成为中国企业和政府迫切需要解决的问题。

开放式创新给我国企业带来了诸多发展机遇。2018 年 11 月 5 日，在首届中国国际进口博览会上，习近平主席发表题为《共建创新包容的开放型世界经济》的主旨演讲，有三个关键词贯穿其中，即开放、创新、包容。习近平主席强调中国企业作为中国经济的一分子，应思考如何紧随时代潮流，将开放式创新做到极致。2013 年，习近平主席提出“一带一路”倡议，认为只有开放才能发现机遇、抓住机遇、主动创造机遇。在 2019 年 3 月的中国发展高层论坛上，伊利集团高级执行总裁张剑秋指出，面对多元化、个性化、品质化的消费升级趋势，企业应通过“搭平台、创模式、聚人才”等方式推动开放式创新，以“集智”成就“极致”品质。

随着知识经济时代的到来，外部知识获取成为我国企业适应全球化形势、抓住全球化机遇开展创新的重要途径。企业要想在国际竞争市场中占据有利位置，需要突破边界，充分利用好外部知识源（包括政府、大学、科研机构、行业、客户、竞争者、供应商等），从外界获取有价值的知识和资源才能提高竞争力。例如，2014 年，安徽江淮汽车股份有限公司与哈萨克斯坦阿鲁尔（Allur）汽车工业集团正式开始合作研发、组装、销售诸多车型；2018 年 12 月，江淮汽车联合中机公司收购阿鲁尔集团，对提升销量和盈利发挥了重要作用。海尔开放创新平台通过整合全球一流资源和智慧，为平台用户提供前沿科技资讯以及超值的创新解决方案；截至2018年3月，海尔开放创新平台达成的技术合作已有200余例。例如，海尔集团开发的智能空气产品“空气魔方”不是基于企业自身能力在实验室内规划和研发出来的产品，而是通过与内外部专家、学者团队以及不同类型用户交换意见，筛选出粉丝们最迫切的产品需求，以此作为海尔研发空气魔方的设计出发点。可见，外部知识获取逐渐成为企业弥补自身不足、增强创新能力和提升企业经济绩效的重要战略。

随着全球经济快速发展，生态环境面临严重的破坏，如全球气候变暖、非洲沙漠蝗虫成灾等。人类为追求经济增长不顾一切地开发和消耗水、煤、天然气等各种资源，导致一些不可再生资源短缺问题趋于恶化；过度开发森林资源使森林面积大幅减少，土地沙漠化、水土流失等问题加剧；酸雨、沙尘暴、水体污染、白色垃圾等问题波及范围越来越广，对人类造成的损失越来越大。1972年，联合国召开人类环境会议，首次强调了可持续发展的重要性。此后，许多国家成立环境管理机构，日益重视整体协调环境保护和经济增长的关系。作为经济体制中的基本单元，企业的生产经营活动对自然环境有深远影响。企业应认识到环境问题的重要性，将生态环境目标纳入企业战略决策，为实现人类的可持续发展主动实施环境管理。

我国作为发展中国家，改革开放以来长期依赖粗放型经济增长模式，加之我国人口基数较大，对自然资源和能源的消耗较多，浪费也较为严重，致使我国生态环境面临严峻的挑战。在此背景下，我国高度重视环境问题，先后出台了一系列关于环境保护和可持续发展的重大决策部署。2012年，党的十八大作出“生态文明建设”的战略决策，将其提升到更高的战略层面；2012年，“人类命运共同体”的要义再次强调了可持续发展观；2015年，“中国制造2025”战略基本方针明确指出，坚持把可持续发展作为建设制造强国的重要着力点，加强清洁生产和发展循环经济，构建绿色制造体系，走生态文明的发展道路；2016年，“十三五”规划提出将“绿色”作为我国重要的发展理念；2017年，党的十九大报告重点强调了生态文明建设是中华民族永续发展的千年大计，这就要求我们必须正确处理生态文明建设和经济发展的关系，走新型工业化道路。传统经济学观点认为，经济增长和自然环境被视为相互矛盾的概念（Shrivastava & Tamvada，2017），过高的经济增长率会导致环境退化的加剧，企业投资于环境保护将导致企业的利润降低。然而，最近的研究开始关注与可持续发展和企业经济绩效相关的环境管理。企业面临日益严格的环境规制，政府环境监管不断加强。近年来，我国不断深化生态文明建设，建立健全环保法规、政策、标准和技术体系，超标排污的工业企业一律停产治理，杜绝环境违法行为，不断推动企业发展升级。此外，公众对环保事业日益关注，消费者环保意识不断增强，市场竞争格局也在加速演变，许多企业意识到环境问题的重要性，并将环境管理作为其企业目标和战略的组成部分（Charg，2011）。在可持续发展诉求不断增强的背景下，企业如何在改善环境绩效的同时提高企业经济绩效成为亟待研究的问题。

值得注意的是，创新是促进企业环境管理成功的最有效的方式之一（Kumar et al. ,2019）。作为创新驱动和绿色发展两大国家发展理念的结合点，绿色创新成为企业应对绿色趋势以获取竞争优势的重要战略，生态现代化理论认为环保管理就是企业将环保问题纳入运营的一种创新机制。这可能是由于环保管理的重点是考虑企业在减轻环境负向影响的基础上如何提高企业的竞争力和盈利能力，创新正好有助于支持这些需求并可以通过多种知识、技能和资源来开发新产品和流程。绿色创新推动企业实现新产品、新工艺和新服务，其结果除具备创新特质外，还有益于环境。波特假说（Porter et al.，1995）和生态现代化理论（Zhu et al.，2012）都指出，绿色创新是增强企业竞争力的商机。与传统创新不同，绿色创新不仅能够获得产品、工艺、流程和管理方面的创新，还可以通过塑造绿色形象和产品差异化提高市场占有率，实现更高的经济收益（Cai & Li，2018；Li，2014），引导企业以一种环保有效的方式获得可持续竞争优势。因此，绿色创新有助于企业在改善环境绩效的同时提升企业经济绩效，成为企业解决环境问题并提高企业经济绩效的一种重要战略工具（Cainelli et al.，2012）。

绿色创新本质上是组织、市场和技术问题的综合（张钢 & 张小军，2017），具有跨学科和跨领域的特点。与一般创新相比，绿色创新通常需要更多的知识投资（Liao，2016）和更广泛的外部资源，仅仅依靠企业内部研发难以有效地实现绿色创新，需要从外部寻求知识和资源。可以说，企业能否顺利实施绿色创新在一定程度上取决于企业是否开展有效的外部知识获取。基于资源基础理论，外部知识获取有利于拓宽企业现有知识的广度和深度，为企业实施绿色创新提供必要的资源和专业知识。相关研究证实，缺乏知识（包括环境知识和非环境知识）是企业解决环境问题的一个重要障碍（Rothenberg & Becker，2004；Worthington & Patton，2005），因而企业只有具备可靠和有用的知识信息（Simpson et al.，2004），才能解决绿色创新过程中遇到的问题，为顺利实施绿色创新提供有力支持。可见，在可持续发展背景下，企业外部知识获取对取得绿色创新成功具有积极影响。已有研究表明，外部知识获取有助于提升企业绩效，但很少有研究结合可持续发展背景来分析外部知识获取对企业绩效的影响，更鲜有研究从绿色创新角度进行分析；知识获取的相关研究所涉及的企业绩效大多集中于企业经济绩效，缺乏对外部知识获取影响企业环境绩效的关注。因此，在开放式创新实践过程中，企业外部知识获取能否在可持续发展背景下有效转化为绿色创新，进而提升企业环境绩效和经济绩效，成为目前亟须研究的问题。

基于以上分析，本书从绿色创新角度出发，以“外部知识获取—绿色创新—企业绩效”为逻辑框架，探讨企业能否通过实施绿色创新将外部知识获取有效转化为企业环境绩效和企业经济绩效，实现“环境—经济”的双赢。

我国目前正处于经济转型的攻坚阶段，环境的不确定性是这一时期的重要特征，如何适应日趋多变的市场环境成为企业维持竞争优势必须关注的问题。鉴于此，有必要从动态能力视角考察外部知识获取影响组织创新和企业绩效的情境因素，但相关研究还比较缺乏。事实上，在动态环境背景下，培育动态能力有利于企业实现技术突破和管理体系变革，进而适应不断变化的环境并获得持续竞争优势。例如，连锁企业苏宁通过构建信息化的“天梯”打造了一流的信息反馈机制，提高了企业掌握信息的准确度和市场反应速度，从而实现了企业核心竞争力的提升；餐饮企业海底捞在面对市场变化时，通过打造双元（两栖）能力实现了企业的服务敏捷性，进而获得了竞争优势（郑晓明等，2012）。特别是随着可持续发展理念的不断深入，承载环境管理理念的绿色动态能力的重要性日益突出。绿色动态能力作为企业洞察环保机会、配置环保资源和优化组织结构等方面的综合能力，通过学习和知识管理等方式使企业在应对外界快速变化的环境和市场竞争形势时更具前瞻性，从而促进企业外部知识获取的有效转化。由于绿色创新面临高度的不确定性，绿色动态能力成为企业绿色创新过程中的关键影响因素。如果缺乏绿色动态能力的支撑，企业难以及时感知外部的环保知识资源，也难以通过调整自身能力迅速响应从外部获取的一系列知识，进而无法将外部知识有效地整合和应用于绿色创新。换言之，即使从外部取得较多的环保知识，如果企业缺乏将这些知识转化为未来优势的动态能力，外部知识获取也难以实现向绿色创新的有效转化。因此，结合企业管理实践和理论研究来看，在“外部知识获取—绿色创新—企业绩效”研究框架中，有必要纳入绿色动态能力来考察影响企业外部知识获取发挥作用的组织情境因素。基于以上分析，本书进一步提出研究问题：在中国新兴经济背景下，绿色动态能力如何通过调节外部知识获取对绿色创新和企业绩效产生影响？

综合以上分析，在开放式创新理念不断深化和可持续发展诉求日益加剧的双重背景下，本书以我国企业为研究对象，构建“外部知识获取—绿色创新—企业绩效”理论模型，探讨外部知识获取对企业绩效的影响及作用机理。具体来说，探讨外部知识获取对企业环境绩效和企业经济绩效的影响；从绿色创新的角度揭示外部知识获取对企业绩效的具体影响，检验绿色创新的中介作用；从动态能力的角度探明绿色动态能力在外部知识获取对绿色创新影响中的调节作用，以及在外部知识获取通过绿色创新影响企业绩效过程中的调节作用，使影响过程的边界条件更加清晰，以期对我国企业如何有效进行开放式创新、改善企业环境绩效和提升企业经济绩效提供理论支持和实践指导。

第二节　研究意义

基于资源基础理论和动态能力理论，在开放式创新和可持续发展的双重背景下，厘清外部知识获取有效转化为企业绩效的路径机制，识别绿色创新的中介作用和绿色动态能力的调节作用，为企业有效开展外部知识获取和实施绿色创新提供理论支持与对策建议，具有一定的理论意义和实践意义。

一、理论意义

（一）将环保管理理念融入动态能力的概念中，明确了绿色动态能力的定义，划分了绿色动态能力的维度

已有文献对环保管理中动态能力的研究较为缺乏，对绿色动态能力的研究还处于起步阶段。目前，绿色动态能力的定义尚不明确，维度划分尚未形成统一的标准，且国内大多数研究忽视了对绿色动态能力维度中动态配置能力的探讨。本书结合动态能力理论和环保管理的相关文献，形成绿色动态能力的构念；考虑到维度划分的多样性，并结合研究目的，将绿色动态能力划分为绿色学习能力、绿色整合能力和绿色动态配置能力三个维度，为后续的实证研究提供了基础性支持。研究结果探明了绿色学习能力、绿色整合能力和绿色动态配置能力在理论模型中所起的不同调节作用，揭示了外部知识获取作用于绿色创新的边界条件，丰富了动态能力理论的应用范围。

（二）在开放式创新和可持续发展的双重背景下，厘清了外部知识获取对企业环境绩效和企业经济绩效的影响

尽管学者们开始关注企业工作外部化并重视通过组织间关系获取知识提升企业竞争力，但现有文献所涉及的企业绩效大多集中于企业经济绩效，忽视了对可持续发展背景下企业从外部获取知识对企业环境绩效的影响的研究。本书揭示了外部知识获取对企业环境绩效的影响及作用机制，从理论上深化了外部知识获取影响企业绩效的研究，推进了外部知识获取在企业响应可持续发展诉求中的应用。研究结果验证了外部知识获取对企业环境绩效和企业经济绩效均具有积极影响，强调了外部知识获取在实现“环境—经济”双赢过程中所起的重要作用，为我国企业在开放式创新和可持续发展背景下树立绿色形象、促进企业环境绩效和经济绩效的协调发展提供了理论参考。

（三）运用资源基础理论和动态能力理论，揭示了外部知识获取影响企业绩效的作用路径

已有学者探讨了外部知识获取对企业绩效的影响，但研究结果存在一定的分歧，一些学者发现外部知识获取有利于企业绩效的提升（Zheng et al.，2014），也有学者指出知识对企业绩效的作用不一定总是正向的（江旭等，2008），还有学者发现企业从外部获取知识可能会对企业绩效造成损失（Bloodgood，2019），因此，要厘清外部知识获取对企业绩效的影响，有必要将中介及调节机制纳入研究框架。现有研究较少从绿色创新角度关注外部知识获取与企业绩效间的关系，且鲜有文献探讨绿色动态能力在外部知识获取提升企业绩效过程中所起的调节作用。本书将资源基础理论和动态能力理论相结合，构建外部知识获取影响企业绩效的理论模型，并通过实证研究揭示绿色创新在此过程中的中介作用、识别不同的绿色动态能力在外部知识获取影响企业绿色创新过程中的调节作用以及有绿色动态能力调节的绿色创新能够起到的中介作用，从而丰富资源基础理论和动态能力理论，为企业通过开展外部知识获取来有效提升企业绩效提供新的管理视角和预测思路。

二、实践意义

（一）为企业在开放式创新和可持续发展背景下提升企业绩效提供思路

认识到外部知识获取对企业环境绩效和企业经济绩效的直接正向影响，有助于管理者了解技术知识获取和市场知识获取的重要意义，为企业了解不同类型外部知识获取对提升绩效的作用提供实践指导，企业通过制定和实施政策、结构和流程，促进外部知识的获取进而提升绩效；有助于国家和政府机构在鼓励自主创新的同时具备开放式的思维，为不断提升企业技术创新能力、赶上发达国家水平创造条件。通过探讨外部知识获取与企业绩效的关系，利用绿色创新的中介作用以及绿色动态能力的调节作用，为企业通过外部知识获取有效提升绩效提供有针对性的管理建议。

（二）提高企业对环保管理的重视程度，调动企业实施绿色创新的主动性和积极性

随着生态环境的恶化和资源匮乏的加剧，企业竞争格局也发生了剧烈变化，企业可以通过绿色创新来强化外部知识获取向企业绩效的有效转化，越来越多的管理者认识到绿色创新不仅仅是政府强制企业实行的一种反应性行为或被动的环境战略，而且是企业实现“环境—经济”双赢状态的主动性战略；国家和政府机构不断完善各项政策推动企业实行绿色创新，为我国企业促进绿色创新和政府推行生态文明建设提供了有益的实践指导。

（三）引导企业识别绿色动态能力不同维度的作用，将提升绿色动态能力纳入长期战略

将绿色动态能力引入理论模型作为情境因素，有助于管理者识别企业绿色动态能力的不同维度在外部知识获取向绿色创新转化进而提高企业绩效过程中的作用，促使企业将绿色动态能力的理念纳入其长期环境保护战略，对企业培育绿色动态能力、以动静结合的方式提升企业绩效、获得核心竞争优势具有实践借鉴意义。

第三节　研究问题的提出

本书的核心问题为：企业能否通过实施绿色创新将外部知识获取有效转化为企业环境绩效和企业经济绩效，并由此实现“环境—经济”的双赢？围绕这一核心问题，本书提出以下三个既相互独立又相互关联的子问题。

研究问题1：在开放式创新和可持续发展的双重背景下，提出外部知识获取影响企业绩效的理论模型；在整体理论模型框架下，探讨外部知识获取影响企业绩效直接效应的客观性和显著性，从而为进一步厘清变量间关系及作用机理奠定分析基础。

在开放式创新理念不断深化的背景下，作为开放式创新重要组成部分的企业外部知识获取逐渐成为绿色创新理论和实践关注的热点。外部知识是企业重要的战略资源，特别是随着国际竞争日益激烈，技术发展的复杂性和不确定性以及内部研发成本的增加，企业单纯依靠内部研究开发无法获取所有领域的知识，必须通过从外部获取有价值知识与技能来弥补内部研发能力的不足，增强创新能力，进而对企业竞争优势的提高起到推动作用。在可持续发展诉求不断提高的背景下，企业在获取经济利益的同时对环境造成的影响日益受到政府和社会的关注，企业绩效中的环境绩效也成为衡量企业绩效的一个重要方面。企业环境绩效是企业通过控制和管理生产运营活动，在减少污染和节约资源等方面产生的能够测量的环境管理成果。因此，本书重点关注企业绩效中的企业环境绩效和企业经济绩效，外部知识获取能否对企业环境绩效和企业经济绩效都产生正向影响成为有待研究的问题。根据知识性质的不同，外部知识获取可被划分为技术知识获取和市场知识获取两种类型。具体而言，技术知识获取能够增强知识储备的多样性，促进原有内部知识的转移和互动，提高企业的知识和技能水平；市场知识获取能够为企业提供更为广阔的视角和更加丰富的市场信息，加速知识积累，降低内部知识学习与开发的成本和风险。两种外部知识获取是否对企业绩效都有正向影响，作用效果有何不同，有待进一步考察。

本书将技术知识获取和市场知识获取整合在同一框架下，分析两类外部知识获取对企业环境绩效和企业经济绩效的影响。

研究问题2：检验绿色创新在外部知识获取与企业绩效关系中的中介效应，回答“外部知识获取能否通过影响绿色创新作用于企业绩效”这一问题。

本书从绿色创新角度探究外部知识获取影响企业绩效的内在机理与作用路径。外部知识获取能够提高企业知识和能力水平，同时增加企业识别和把握机会的潜力，有利于企业推动产品/服务创新。与一般产品相比，环保产品的设计与生产对技术的要求高、难度大，因此，企业实施绿色创新比传统创新具有更高的不确定性和复杂性。单个企业的内部知识十分有限，要想有效实现绿色创新，需要更广泛的外部资源供应，要求企业跨越组织边界，不断从外部汲取有价值的知识和资源。从这个角度来看，有效的外部知识获取对绿色创新的影响比传统创新更加显著。随着环境问题的日益凸显，绿色创新可以成为企业减轻环境负担、提高竞争优势的商机。企业通过实施绿色创新，既能减少排污量、节约资源能源、树立形象、提升品牌声誉进而最大限度地带来收益的增加，又能减少违规处罚成本和故障维修费用，实现企业环境绩效和企业经济绩效的共同提高。因此，绿色创新是企业在可持续发展背景下提高绩效的重要战略方式，而外部知识获取为绿色创新提供所需的知识基础和技能储备，是企业顺利实施绿色创新的关键影响因素。换言之，绿色创新促使企业将外部获取的知识应用于环境管理，对企业的生产、流程和经营等方面进行改进，以此促进成本下降和收益增加，进而提高企业环境绩效和企业经济绩效。至于绿色创新是否在外部知识获取与企业绩效的关系中起到中介作用，则需要进一步研究。

本书将从绿色创新的视角探究外部知识获取通过影响绿色创新进而作用于企业绩效的内在机理，厘清外部知识获取影响企业绩效的路径机制。

研究问题3：在直接效应和中介效应的基础上，检验绿色动态能力在“外部知识获取—绿色创新”关系与“外部知识获取—绿色创新—企业绩效”关系中发挥的调节效应，从而明确外部知识获取影响企业绩效过程中的边界因素。

在复杂多变的市场环境下，有必要考虑外部知识获取影响企业绩效过程中的情境因素。动态能力理论强调企业需要构建动态能力，以便应对外部环境变化所带来的挑战。特别是在可持续发展背景下，“绿色化”的绿色动态能力在企业实现绿色创新过程中发挥着重要的作用。绿色动态能力是企业在其环境管理方面所体现出的组织学习能力、内外资源整合和动态配置资源的综合性能力，是企业应对行业环境变化的关键。外部知识获取为绿色创新提供了知识来源，增强了企业知识体系的多样性，但绿色创新的实现不仅依赖知识储备的丰富性，还需要借助难以被竞争对手模仿的动态能力。这是由于绿色创新结果具有不可预测性，企业积累的“静态”资源（如技术资产和专业人才的存量）不足以确保不断变化的环境中绿色创新的成功，只有根据外部环境的动态性和不确定性不断进行调整，才能够对内部及外部的资源与知识进行整合、学习和重新配置，从而在瞬息万变的竞争环境中对绿色创新进行创造和部署。绿色学习能力、绿色整合能力和绿色动态配置能力影响着企业对知识资源的识别、转化、吸收和利用。绿色动态能力有助于企业摆脱原有的路径依赖和组织惰性，更新和改进企业环境保护方面的知识基础，使企业对快速变化的外部环境作出积极响应，提高外部知识向绿色创新的转化效率。因此，绿色动态能力能否对“外部知识获取—绿色创新”关系与“外部知识获取—绿色创新—企业绩效”关系发挥调节效应，尚有待进一步考察。

由于外部知识获取向绿色创新的转化过程存在不同的转化效率，本书旨在探讨绿色动态能力的三个维度在外部知识获取影响绿色创新过程中所起的调节作用，以及在外部知识获取通过绿色创新间接影响企业绩效的过程中所起的调节作用。

因此，本书通过对以上三个问题的分析，基于绿色创新和动态能力的视角，对剖析绿色创新在外部知识获取影响企业绩效过程中的中介作用及绿色动态能力对企业绿色创新的调节效应。

第四节　研究内容与方法

一、研究内容

本书在开放式创新和可持续发展的双重背景下，从绿色创新和动态能力视角研究外部知识获取影响企业绩效的内在机理。具体内容如下：

（一）理论回顾与文献评述

基于研究背景和相关理论阐述，本书首先对研究变量和相关研究进行文献评述。相关理论包括资源基础理论和动态能力理论。资源基础理论用于解释外部知识获取通过绿色创新影响企业绩效的过程，动态能力理论用于界定其中的边界条件；研究变量包括外部知识获取、绿色创新、绿色动态能力和企业绩效的内涵、维度划分、影响因素及其对企业的影响等。在此基础上，本书明确研究变量的定义和维度，将外部知识获取划分为技术知识获取和市场知识获取两种类型，将绿色动态能力划分为绿色学习能力、绿色整合能力和绿色动态配置能力三个维度，将企业绩效划分为企业环境绩效和企业经济绩效两个维度；对相关研究进行评述，进一步明确研究方向。

（二）理论模型的构建和研究假设的提出

通过对资源基础理论和动态能力理论的整合，本书构建理论模型，运用归纳分析法和演绎分析法，提出外部知识获取影响企业绩效、外部知识获取影响绿色创新、绿色创新影响企业绩效、绿色创新的中介效应以及绿色动态能力调节效应的研究假设。

（三）假设检验

通过借鉴国内外权威文献的相关量表，结合研究的需要进行修改和完善，进而设计出调查问卷并收集数据。对有效样本数据进行无反应偏差检验和共同方法偏差检验，通过计算 Cronbach's α、CITC、CR 值进行信度检验，通过开展验证性因子分析和计算 AVE 值进行效度检验，以确保数据的可靠性和有效性；运用层级回归分析法对外部知识获取与企业绩效的关系、绿色创新的中介效应和绿色动态能力的调节效应进行检验，运用拔靴法（Bootstrap）对绿色创新中介效应的显著性以及有绿色动态能力调节的中介效应进行检验。

（四）结果讨论与管理启示

对得到支持的假设进行分析，并阐述其中的理论贡献，也对未得到支持的假设从不同的角度进行分析。在此基础上，从企业和政府层面提出相关的管理启示，建议企业注重跨组织边界的外部知识获取战略，加强与外部组织合作与交流，注重引导外部知识应用于绿色创新，加强对绿色创新活动的支持；建议政府政策制定者为企业外部知识获取提供支持，完善现有环保法律法规等，鼓励企业实施绿色创新和提高绿色动态能力，将外部知识获取有效转化为企业环境绩效和企业经济绩效。

二、研究方法

（一）文献研究法

借助中国知网、Google Scholar、Web of Science 等数据库，广泛收集知识管理、创新管理和环境管理等领域的文献资料，了解国内外关于外部知识获取、绿色创新和绿色动态能力等研究的前沿动态。通过对文献的收集、梳理和归纳，对以往文献存在的不足和局限进行评述。

（二）专家访谈法

为保证问卷质量，成立调查小组，基于相关问题进行实地调查和访谈，深入了解企业在知识管理和绿色创新方面的现状，听取企业中高层管理者和相关学者、专家的建议，深化理解核心研究变量（外部知识获取、绿色创新、绿色动态能力和企业绩效）的内涵与外延，在此基础上完善问卷题项，使样本数据更加真实客观。

（三）问卷调查法

为验证理论模型，利用问卷调查法对研究对象进行小样本预调研和大样本正式调查。在梳理已有成熟量表的基础上，结合我国国情设计初始问卷，听取多所高校本领域的专家意见和建议，对问卷进行适当修改。然后，随机选择受访者进行预调研，经修改完善后形成最终测量量表，并随机选取分布在陕西、天津、上海和广东等地区的运输、电气机械、化工与石化、制药与医疗、食品饮料等多个行业中的企业为研究对象进行正式调研。

（四）数学建模法与统计分析

采用 SPSS22.0 和 AMOS22.0 统计分析软件，对问卷数据进行样本的描述性统计分析、验证性因子分析、探索性因子分析、信效度检验、无反应偏差分析等；借助层级回归分析和拔靴法对本书研究假设进行检验，其中，拔靴法被用于对中介效应的显著性和有调节的中介效应进行检验。

第五节　技术路线与结构安排

本书技术路线如图 0－1 所示，结构安排如下：

首先是绪论。介绍本书的研究背景，阐述研究外部知识获取对企业绩效影响的理论意义和实践意义，提出核心研究问题和子问题，进而介绍研究方法、明确研究内容并梳理技术路线。

第一章为理论基础与相关文献评述。通过对相关文献的广泛研读，围绕外部知识获取、绿色创新、绿色动态能力和企业绩效等几个重要变量进行文献梳理和评述；根据已有研究的不足，明确本研究的出发点和创新点。

第二章为理论模型的构建与研究假设的提出。根据前文对主要变量文献进行综述，逐步明确变量之间的联系，结合资源基础理论和动态能力理论建立本研究的理论模型框架，提出主要变量之间的研究假设。

第三章为研究设计。对已有较为成熟的量表进行梳理，结合中国企业的研究背景和研究目的进行调整和修订，得到最终测量量表；设计正式调研问卷并收集数据。采用 SPSS22.0 和 AMOS22.0 统计分析软件对正式调研取得的有效数据进行样本的描述性统计分析、共同方法偏差检验和信效度检验等。

第四章为假设检验。通过描述性统计分析、验证性因子分析、层级回归分析和 Bootstrap 法等统计分析方法，对变量之间的直接效应、中介效应、调节效应和有调节的中介效应进行检验，并对假设检验的结果进行汇总。

第五章为结果讨论与管理启示。对假设检验的结果进行讨论，得出相应的结论，并从企业和国家层面对企业如何更好地利用外部知识获取改善企业环境绩效和企业经济绩效提出管理对策和建议。

第六章为结论与展望。总结本书的创新点，明确本书的不足之处及外部知识获取和绿色创新领域的未来研究方向，为后续研究提供思路。

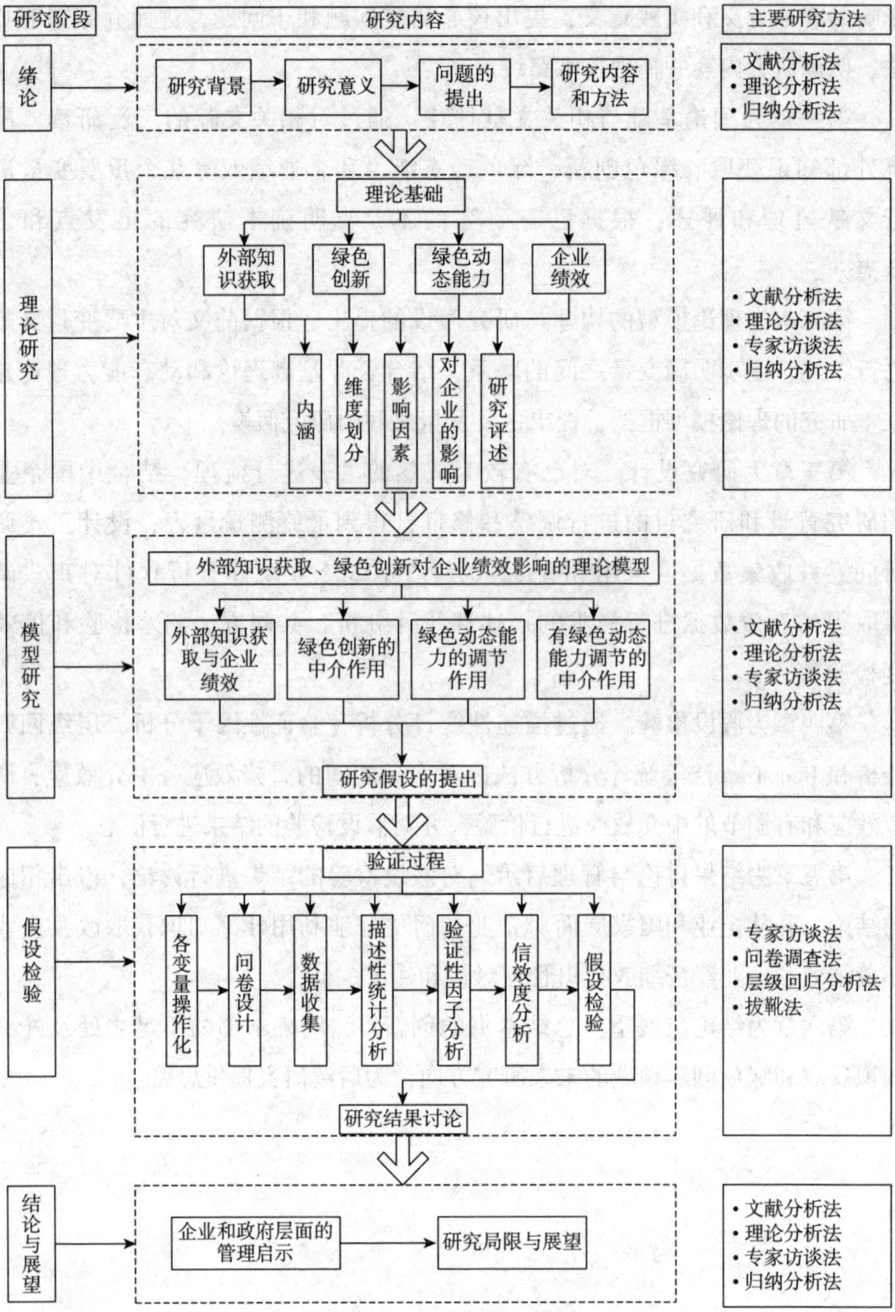
研究阶段
研究内容
主要研究方法
绪论
研究背景
研究意义
问题的提出
研究内容和方法
• 文献分析法
• 理论分析法
• 归纳分析法
理论研究
理论基础
外部知识获取
绿色创新
绿色动态能力
企业绩效
内涵
维度划分
影响因素
对企业的影响
研究评述
• 文献分析法
• 理论分析法
• 专家访谈法
• 归纳分析法
模型研究
外部知识获取、绿色创新对企业绩效影响的理论模型
外部知识获取与企业绩效
绿色创新的中介作用
绿色动态能力的调节作用
有绿色动态能力调节的中介作用
研究假设的提出
• 文献分析法
• 理论分析法
• 专家访谈法
• 归纳分析法
假设检验
验证过程
各变量操作化
问卷设计
数据收集
描述性统计分析
验证性因子分析
信效度分析
假设检验
研究结果讨论
• 专家访谈法
• 问卷调查法
• 层级回归分析法
• 拔靴法
结论与展望
企业和政府层面的管理启示
研究局限与展望
• 文献分析法
• 理论分析法
• 专家访谈法
• 归纳分析法

图 0－1　本书技术路线

第一章 理论基础与相关文献评述

本章在前一章的基础上，进行理论回顾、相关文献的梳理与研究评述，进而确定本书的研究边界，对现有研究作出补充和完善。

第一节 相关理论基础

一、资源基础理论

资源基础理论（Resource-Based View，RBV）最早起源于 Penrose 从资源的视角对企业作出的阐述，并由 Wernerfelt（1984）首次明确提出。Wernerfelt 通过对资源位置和产品矩阵等概念进行分析，指出学术界应重视探讨企业的资源而非企业的产品。随后，Barney 等（1991）对资源基础理论进一步进行推广和深入研究，提出了资源基础理论的核心观点、资源的定义以及能给企业带来可持续竞争优势的异质性资源所具有的特征。自此，资源基础理论逐渐受到学者们的广泛关注（Zahra & George，2002）。资源基础理论的前提是企业竞争优势的基础表现为企业能够支配有价值的资源组合。资源基础理论中，"资源"可大致包括有形资源（如人力资源、实体资源、组织资源等）和无形资源（如知识资源、信息资源、能力资源和创新资源等）。并非任何资源都会给企业带来可持续竞争优势，资源基础理论依赖两个核心主张：一个是资源异质性，即企业拥有的资源和能力与竞争对手有所不同，从而使企业拥有特定的异质性资源；另一个是资源的固定，即企业之间的资源差异可能长期存在（Raymond & St-Pierre，2013）。企业的异质性资源具有非流动性。资源基础理论认为，企业可持续竞争优势的基础是企业具有稀有、有价值、难以被完全模仿和替代的资源（Barney，1991），其中，有利于企业实现竞争差距的资源被视为稀有的资源；能够提高企业效率的资源被视为有价值的资源；难以被其他企业复制的资源被视为难以被模仿的资源；不存在战略上等效的资源被视为难以被替代的资源（Barney，1991）。

目前，资源基础理论已被应用于一般管理、战略管理及运营管理等研究领域，用来探讨技术水平、信息能力、营销资源等对企业绩效的影响（Yang et al.，2015；Davcik & Sharma，2016）。特别是在知识经济时代，知识成为企业创新并维持竞争优势的重要因素，受到学术界的广泛关注。Grant（1996）从知识的视角进行研究，认为企业最重要的战略资源是知识，并强调企业是产生和运用各类知识的机构，是异质性知识的集合体，因此，知识资源对企业具有重要的作用。对于知识资源的获取方式，有学者指出，企业可以通过联盟、研发者的流动以及横向收购等市场方式从外部获取知识（Grant，1996），组织并鼓励工作外部化。同时，学术界更加关注以人为中心的知识管理工具和方法的发展，重点不再是对组织现有知识资源的界定、衡量和存储，而是激发新知识资源的产生及其与外部的共享。这意味着企业可以通过从外部获取知识进行新知识的创造，建立自身独特的知识库资源且具有稀缺性、有价值和无法被竞争对手轻易模仿的特点，为企业创造长期的竞争优势（Schiuma et al.，2012）。因此，资源基础理论不仅强调了企业通过配置和利用各种异质性资源取得竞争优势，还可以用于探讨企业如何利用知识和能力资源来提升企业绩效，为本书分析外部知识获取对创新和企业绩效的影响奠定理论基础。

二、动态能力理论

动态能力理论（Dynamic Capability View，DCV）源自资源基础论，是战略管理领域的热点。资源基础论强调从稳态视角关注企业获得并维持竞争优势的资源和能力，但未对企业竞争优势的来源作出有效的解释，它只解释了企业在某一时间点或静态环境中如何依靠异质性资源来保持其竞争优势，却无法解释企业如何在不断变化的环境下获得竞争优势（Eisenhardt & Martin，2000）。企业的全球化面临复杂的市场环境，企业要想保持其竞争优势，必须能够动态地更新和重构能力以适应动荡的环境。企业仅靠强大的稳态组织能力是远远不够的（Chang，2013），还要提高其适应及利用动态环境的能力（Zacca & Dayan，2018）。换言之，企业不仅要在现有资源和组织能力方面展开竞争，还要在更新和发展组织能力方面展开竞争（Teece et al.，1997），以便更好地适应不确定的环境。因此，从动态能力的角度来看，企业宝贵、稀有、不可复制和不可替代（VRIN）的资源是其更新知识和重新配置资源的基础条件，也是企业对外部运营环境变化作出响应的必要条件。资源基础论强调资源的选择和组合，动态能力理论强调资源的更新和重组，也就是将资源重新配置到新的运营能力的组合中去（Pavlou & Sawy，2011）。

动态能力理论最早起源于 Schumpeter 以创新为基础的竞争观。由于行业环境的不断变化，企业维持核心竞争力的关键在于能否创造性地整合现有资源并将其重组到新的经营活动中（Pavlou & Sawy，2011）。这些想法在演化经济学中得到了进一步发展，学者们开始围绕“企业如何通过调整资源以适应环境的变化”提出研究框架，Teece 等于 1997 年提出动态能力理论，用来描述在高度不确定的环境中构建、集成和重新配置资源的能力对于企业的重要作用。他们指出，传统的核心技能和资源存在“相对黏性”，导致企业在动荡的环境中容易陷入“惯性”陷阱，难以适应复杂多变的环境。动态能力理论认为，企业间竞争不仅体现在利用现有资源的组织能力，也体现在更新和发展那些适应不确定环境的组织能力。动态能力理论的理论背景是外部环境的快速变化，将资源基础理论扩展到对动态市场的研究中，可以更加有效地解释企业核心竞争优势（Zhou et al.，2012）。Eisenhardt 和 Martin（2000）在此基础上进一步指出，动态能力对企业的作用不仅体现在动态多变的环境中，还体现在相对稳定的环境中。之后，学者逐渐关注动态能力的“二阶性质”，即动态能力可以改变、调整或重构企业的低阶能力（Zahra et al.，2006）。从这个角度来看，企业的资源属于零阶能力，企业运营能力（常规能力）属于一阶能力，而企业动态能力则属于二阶能力。尽管企业动态能力不能直接提升企业绩效，但可以通过作用于低阶能力（改变零阶能力和一阶能力）进而对企业绩效发挥作用（焦豪等，2008）。因此，动态能力理论可以作为本书的理论基础，用来探讨企业绿色动态能力在“外部知识获取—绿色创新—企业绩效”中发挥的作用。

第二节　变量的相关研究

一、外部知识获取的内涵和维度

（一）外部知识获取的内涵

知识获取是企业知识管理过程的基础和关键，只有实现有效的知识获取，企业才能进一步提取、吸收、利用和创造知识，从而构建完善的知识管理系统。“知识获取”这一概念最早起源于计算机科学的人工智能领域，是指企业从外部提取知识并将其转移到计算机内部的过程（韦于莉，2004）。随后，知识获取被逐渐运用到企业知识管理领域。Huber（1991）将知识获取界定为企业获取知识的过程，并强调企业要具有获取和转换外部知识并能够开发出全新内部知识的能力。Holsapple 和 Singh（2001）认为，知识获取是企业识别自身所处的外部环境并从中获取知识的一种活动。Yli-Renko 等（2001）强调，企业要具有借助于关键客户的社会资本获取外部知识的能力。Bojica 和 Fuentes（2012）将知识获取定义为组织成员接受同行的知识并受到影响的过程。Zheng 等（2014）认为，知识获取是指企业从交易伙伴那里获得信息资源的能力。国内学者高展军等（2012）指出，知识获取是企业从其关键联盟伙伴处取得有关市场、管理和技术等方面知识的行为。王瀚轮等（2011）认为，企业知识包括企业内部已有的知识积累和企业从外部获取的知识。

企业知识获取包括内部知识获取和外部知识获取两类（余红剑，2017），企业不但可以通过组织在内部创造新知识，还可以从外部汲取新的、有价值的知识和技能。企业的外部知识是指企业边界外的知识，企业可以从其他机构获得外部知识，并结合自己的意见，形成更多新思想的源泉。学者们从不同视角给出了外部知识获取的定义，例如，Mitchell（2006）指出，外部知识获取是组织通过不同的外部渠道收集、识别和定位新的知识资源，并将其纳入现有知识存量的过程；Ortiz 等（2017）认为，外部知识获取是企业有意将新技术、新思想和专业知识从外部环境纳入现有知识库的一种机制；Xie 等（2018）指出，组织间知识获取是指企业通过合作伙伴和其他外部来源获取新技术和专业知识的互动和迭代过程；Schroeder 等（2002）认为，外部知识获取是企业与外部相关机构（如供应商、顾客、竞争者及其他合作者）合作，共同解决问题和开展业务；Yang 和 Wei（2019）认为，外部知识获取是开放式创新范式的关键支柱之一，是企业从外部机构获取知识的一种战略，企业应通过吸收外部的想法改进自身技术。国内学者李纲等（2017）将知识获取界定为组织或员工通过外部环境获取新知识的过程；陈怀超等（2019）认为，外部知识获取是企业从客户、合作伙伴、供应商乃至竞争者等外部利益相关者处“借力”从而获取新知识的过程；武梦超等（2019）认为，外部知识获取是企业从外部协同创新合作伙伴（如大学、客户、供应商、竞争者等）处获取知识的过程。

本书借鉴 Mitchell（2006）的定义，将外部知识获取界定为企业通过不同的外部渠道收集知识，并将其纳入现有知识存量的过程。

（二）外部知识获取的维度

已有文献从不同的研究视角和目的对知识的维度进行划分，如个体知识与集体知识，隐性知识与显性知识，内部知识与外部知识，竞争者知识、顾客知识与技术知识等（Bontis，2017；杨菲，2018），其中，最常见的分类方式是基于知识的特征将知识分为隐性知识和显性知识。隐性知识比较复杂且难以用文字或语言等直接表达和传递，而显性知识则具有可编纂、易于被承载、可以传播且不丧失完整性的特点。国内学者韦于莉（2004）从知识获取对象的角度将知识获取分为显性知识获取和隐性知识获取。Li 等（2010）将知识获取区分为显性知识获取和隐性知识获取，并研究了外国子公司如何在东道国利用正式机制和非正式机制进行显性知识获取和隐性知识获取的过程。Zheng 等（2011）在其研究框架中纳入了显性知识和隐性知识，信息和专业知识，技术、管理和营销知识。熊捷和孙道银（2017）将技术知识获取区分为隐性技术知识获取和显性技术知识获取，通过实证方式检验了社会资本通过两种技术知识获取对企业产品创新绩效的不同影响。王伏虎（2017）以高新技术企业为研究对象，研究了隐性外部知识获取和显性外部知识获取对企业创新能力的影响。张保仓和任浩（2018）的研究指出，知识资源获取包括显性知识资源获取和隐性知识资源获取两类，结果表明显性知识资源获取和隐性知识资源获取对企业持续创新能力均具有积极影响，且显性知识资源获取的影响较强。

有学者对知识获取的内容进行了划分，如 Marvel（2012）认为企业获取的知识包括技术知识、服务市场的方式、客户问题及市场知识。Molina-Morales 等（2014）指出企业可以从外部获取三类知识，包括产品知识、流程知识和管理知识，其中，产品知识和流程知识影响企业在供应链中生产任务的完成情况和运营绩效，管理知识影响企业的组织设计。Tsang（2002）认为，对于合资企业来说，企业获取的知识包括中国合作伙伴掌握的技能及竞争能力、监管合资企业的知识和在中国营商必备的知识。

还有学者从其他视角对外部知识获取的维度进行了划分，例如，Damanpour 和 Gopalakrishnan（1998）基于知识获取的方式，将知识获取划分为吸收知识、获取知识和转化知识三个维度；Zahra 和 George（2002）从过程的视角出发，将外部知识获取划分为知识搜寻、知识消化、知识转化和知识利用四个维度；Enkel 等（2009）根据来源不同将外部知识获取分为三类：顾客品牌知识获取、伙伴性外部知识获取、竞争性外部知识获取；耿紫珍等（2012）基于战略管理理论与企业知识理论，对技术知识获取和市场知识获取的不同作用进行研究；李柏洲和周森（2012）从网络知识溢出的视角出发，将企业外部知识获取方式划分成两种：直接获取方式（单步）和借助网络间接获取方式（多步）；崔海云和魏国辰（2017）根据企业外部知识获取过程中是否存在经济交易，将外部知识获取划分为有偿知识获取和无偿知识获取两种类型。

根据知识性质的不同，结合本书的核心问题，将外部知识获取划分为技术知识获取和市场知识获取两个维度。首先，根据知识性质的不同，企业从外部获取的知识资源可被划分为技术知识和市场知识两类；其次，结合本书的核心问题，即外部知识获取能否通过绿色创新影响企业绩效，涉及外部知识获取影响绿色创新的机制问题。考虑到环境问题的复杂性和新颖性，绿色创新与一般创新相比具有更高的不确定性，仅靠企业内部研发远远不够，还需要从外部获取更多、更复杂的技术知识和诀窍，特别是与环境问题相关的专业技能。从这个角度来看，从外部获取技术知识有助于企业内部知识转移与互动、原有技术升级甚至技术突破，为绿色创新提供有力的技术支撑。此外，除了技术知识获取，实施绿色创新还需要特别关注市场知识资源。这是由于市场具有变幻莫测和信息不对称等特点，尤其是企业进入某些特定市场（如绿色市场）的风险较高，这意味着绿色创新需要及时获得环保产品和服务的重要信息，了解消费者的环保问题和环保需求。因此，从外部获取市场知识，有利于及时并准确地掌握公众的环保消费需求，从而降低绿色创新的不确定性，提高绿色创新的效率。可见，企业实施绿色创新所需的外部知识最突出地体现在技术知识和市场知识两个维度。综合以上分析，本书将外部知识获取划分为技术知识获取和市场知识获取。其中，技术知识侧重于工程、制造、生产工艺等技术知识，主要是通过先进设备引进、技术外购、聘用技术人员和研发外包等途径从外部环境获取；市场知识获取侧重于从市场中获取与顾客需求及竞争者动向相关的知识，主要是通过与客户、供应商、政府机构等相关利益者合作等方式获取，可用来应对激烈的市场竞争。

二、绿色创新的内涵和影响因素

（一）绿色创新的内涵

随着环境日益恶化和可持续发展诉求的不断增强，环境问题日益受到人类的关注。19 世纪初，学术界开始基于不同的视角将经济、社会、环境共赢等可持续发展问题引入创新领域。在这一背景下，“可持续创新”“环境创新”“生态创新”“绿色创新”等概念应运而生，本书在使用“绿色创新”这个术语前先对这四个概念之间的区别与联系进行辨析。

关于“可持续创新”这一概念，Rosca 等（2016）指出，可持续创新强调企业在社会方面、经济方面和生态方面都已经取得重要进展；Delmas和 Pekovic（2018）指出，可持续创新是避免或减轻环境负担、造福社区的企业新产品和流程，并认为可持续创新给公司带来了特殊的挑战，因为它寻求实现企业利润和社会使命；Hernandez-Vivanco 等（2018）认为，可持续创新是企业通过产品创新和过程创新，减少在经济方面、环境方面和社会方面的负向影响。可持续创新要求企业既要减少环境负担，还要实现经济效益和社会效益，同时涉及环境、经济和社会三个方面。

关于“环境创新”这一概念，Oltra 和 Jean（2009）认为，环境创新是指那些能够造福环境、实现环境的可持续性发展的工艺、实践、系统和产品创新。Liao（2018）指出，环境创新是一种具有双重外部性的创新，它既可以促进经济发展，也可以降低对环境的不利影响。Yu 等（2016）指出，环境创新是包括减少资源、防止污染和采用环境管理系统等在内的一系列实践活动。Zhang 等（2017）指出，环境创新是（公司、工会、个人）通过制定新想法、引入高效流程或应用新技术进行的创新，旨在减轻环境负担和实现生态可持续性，是协调经济增长和环境保护并促进可持续发展的有效途径。环境创新要求企业在提高经济效益的同时减轻环境负担，实现生态可持续性。

“生态创新”这一术语最早由 Fussler 和 James（1996）提出，James（1997）在此基础上发展了这一概念，并从生态创新的价值视角出发将其定义为一种能带来客户和商业价值并显著降低环境影响的新产品和流程。Arundel 和 Kemp（2009）认为，生态创新对于商业和决策者来说非常重要，并且生态创新是降低环境影响的创新。生态创新可以是技术方面的创新，也可以是非技术方面的创新（如组织、机构或营销）；生态创新可以是出于经济目的（如减少资源消耗、污染控制、废物管理成本，或是向世界出售生态产品），也可以是基于环境方面的考虑。Doran 和 Ryan（2016）认为，生态创新描述了减少或防止环境损害的新的或改进的工艺、技术、系统或产品。大多数文献采用经济合作与发展组织（OECD）对生态创新的定义，即能够给环境带来收益（至少是降低负担）的产品、流程或组织方法方面的创新。生态创新要求企业在追求经济效益的同时降低环境影响。

“绿色创新”这一术语被众多学者应用，Chen 等（2006）将绿色创新定义为绿色产品创新或与产品相关的硬件或软件创新，包括节能、预防污染、废物回收、绿色产品设计等技术创新或企业环境管理创新。Carrillo-Hermasilla 等（2010）从一个较为广义的视角指出，凡是能减少环境损害和提高环境绩效的创新都是绿色创新。Aboelmaged 和 Hashem（2019）认为，绿色创新是新的流程、设备、系统、做法、产品和方法，通过最大限度地减少对环境的负面影响和促进可持续发展目标来增加商业价值。绿色创新要求企业在追求经济收益的同时减少对环境的负面影响。

综合以上分析，可持续创新、环境创新、生态创新和绿色创新这四个概念的共同之处表现在两点：一是四者都强调了企业的创新对象，比如在产品、工艺、服务或方法方面的创新；二是四者都具有市场导向，即满足市场需求，使企业在市场上具有竞争力。从创新动机来分析，可持续创新的发展目的在于实现社会、经济和生态三个方面的创新，环境创新、生态创新和绿色创新则只侧重考虑经济维度和生态维度。正如 Franceschini 等（2016）明确指出的，生态创新只涉及环境维度和经济维度，而可持续创新在此基础上还包括更广泛的社会和道德层面。

大多学者认为生态创新、环境创新和绿色创新这三个概念没有明显的区别（Schiederig et al.，2012），在一定程度上是可以交替使用的（Schiederig et al.，2012；Halila & Rundquist.，2011）。自 2005 年起，“绿色创新”这一术语在学术界得到广泛使用（Díaz-García et al.，2015；Cheng，2020）。学者根据研究需要从不同的研究视角对绿色创新进行了定义，表 1－1 列出了国内外学者对绿色创新的代表性定义。

表 1-1　绿色创新的定义

作者	定义
Fussler 和 James（1996）	企业开发新产品、流程或服务的过程，这些产品、流程或服务可提供客户和业务价值，同时可显著减少对环境的影响
Rennings（2000）	企业为减少环境污染和实现生态改善而采用的技术、产品、服务、组织结构或管理模式的创新
Chen 等（2006）	与绿色产品或绿色过程相关的硬件或软件创新，包括节能、防污染、废物回收、绿色环保等技术创新
Clark 和 Charter（2007）	企业在从创意产生到研发和商业化全过程中，将可持续性因素（环境、社会、经济）融入公司运营系统中去，这适用于产品、服务、技术、新业务和组织模型
Kemp 和 Foxon（2007）	开发和应用新产品、新工艺、新服务或管理方法，并能够在整个生命周期内减少环境风险、污染以及资源（包括能源）的使用
Reid 和 Miedzinski（2008）	新颖和具有竞争力的商品、工艺、系统、服务和程序，能够满足人类需求和提高人类生活质量，将产品生命周期中单位产出的自然资源的消耗及其所排放的有毒有害物质最小化
Arundel 和 Kemp（2009）	降低环境影响的创新，可以是技术的，也可以是非技术（组织、机构或营销）的，其动机可以是出于经济目的（如减少资源消耗、污染控制、废物管理成本、向世界出售生态产品），也可以是基于环境方面的考虑
OECD（2009）	产品（商品或服务）的开发、流程、营销方法、组织结构及新的或改进的体制安排，无论是否有意，与替代做法相比有助于减少对环境的影响
Oltar 和 Jean（2009）	能够造福环境、实现环境的可持续性发展的新的或经过修改的工艺、实践、系统和产品创新
Kemp（2010）	综合考虑环境问题和经济问题，与其他替代做法相比对环境造成的负向影响较低的创新

续表

作者	定义
Carrillo-Hermasilla 等（2010）	能够减少对环境影响的想法和提高企业环境绩效的创新
董颖和石磊（2010）	以促进可持续发展为导向的系统性创新
Borghesi 等（2015）	能够减少经济活动和资源使用对环境的影响的任何产品、过程、组织、社会或制度创新
李旭（2015）	具备新颖性和价值性的特点，且能实现环境改善和资源节约的创新
杨静等（2015）	在企业生产经营活动过程中，利用创新的组织模式、流程和技术进行绿色创新，有益于社会环境
Huang 和 Li（2017）	涉及与节能、污染防治、废物回收和生态设计等环境问题相关的创新
Xavier 等（2017）	与“生态设计”术语类似，是以减少环境影响的观念为指导的行为总和
李香菊和贺娜（2018）	强调“绿色观念”，通过研发应用绿色产品和绿色工艺，在产品的整个生命周期实现绿色化，并同时取得经济效益与环境效益
Aboelmaged 和 Hashem（2019）	企业新的流程、设备、系统、产品和方法，通过最大限度地减少对环境的负面影响和促进可持续发展目标来提高商业价值
Kumar 等（2020）	企业所开发的环保产品和工艺，通过采用更环保的原材料、使用更少的原材料以及在设计产品时使用生态设计原则，从而减少排放、降低水电和其他原材料的消耗

本书采用“绿色创新”这一术语，并借鉴 Carrillo-Hermasilla 等（2010）的定义，认为凡是能减少环境损害和提高环境绩效的创新都是绿色创新。

（二）绿色创新的影响因素

学者们基于不同的理论和研究视角对绿色创新展开了研究，绿色创新的驱动因素一直是学者们关注的焦点。Díaz-García 等（2015）的统计结果表明，超过三成的绿色创新相关论文都集中在这一问题上。近年来，学者们运用经济学理论、组织学理论和社会学理论（如利益相关者理论、制度理论、资源基础观、计划行为理论和高阶理论等）来分析绿色创新的影响因素。通过梳理国内外文献，将绿色创新的影响因素归为制度层面、组织层面和个体层面，并整理出绿色创新的影响因素类型与具体内容，见表1-2。

表1-2　绿色创新的影响因素类型与具体内容

影响因素类型		影响因素内容
制度压力	监管压力	政府环境法规（Cai & Li，2018；Chen et al.，2012）、政府和非政府的监管压力（Li，2014；Berrone et al.，2013；Bergquist & Söderholm，2011）等
	规范压力	客户需求（Hojnik & Ruzzier，2016；Kesidou & Demirel，2012）、利益相关者压力感知（Chang，2011；马媛等，2016；张钢和张小军，2014）、当地社区期望（Lee et al.，2016）
	竞争压力	竞争者压力（Li，2014；Cainelli et al.，2012）、绿色成功感知（Dai et al.，2015）等
组织因素	经营目标	节省成本（Demirel & Kesidou，2011；Horbach et al.，2012）、产品出口（Rehfeld et al.，2007；De Marchi，2012）、扩大市场份额（Horbach，2008）、提升组织形象（Arnold & Hockerts，2011）
	组织行为	研发活动（Rehfeld et al.，2007；Lee & Min，2015；Laursen & Salter，2006）、技术合作（De Marchi，2012；Horbach，2008；Laursen & Salter，2006；陈柔霏和田虹，2019）、设备升级（Kesidou & Demirel，2012；Horbach et al.，2012）、采用环境管理工具（Demirel & Kesidou，2011；Horbach et al.，2012；Frondel & Horbach，2008；Uhlaner et al.，2012）、组织变革（Horbach，2008）、设立分支机构（Horbach et al.，2012）、创新路径（De Marchi，2012）、创新导向水平（Uhlaner et al.,2012）、创业导向水平（Menguc et al.，2010）等
	组织特征	企业年龄（Pereira & Vence，2012；彭雪蓉，2014）、规模（张钢和张小军，2011；Dai et al.，2015；Thoumy & Vachon，2012；Chiu & Sharfman，2011）、行业（Pereira & Vence，2012）等
	组织资源	人力资源（员工素质）（Arnold & Hockerts，2011；Weng & Lin，2011）、环保文化（El-Kassar & Kumar，2017；Chang & Chen，2013）、环保能力（Raraschiv et al.，2012；Leonidou et al.，2015）等
个体因素	高层管理者	高层管理者的特征（Chen et al.，2012；Paraschiv et al.，2012）、对环保的关注（Chang，2011）等

本书中绿色创新的影响因素涉及外部知识获取，属于企业的组织因素，因此，本章重点从企业的经营目标、组织行为、组织特征和组织资源等方面对影响绿色创新的组织因素进行分析和评述。

1. 经营目标对绿色创新的影响

绿色创新在一定程度上有助于企业实现其特定的经营目标，而企业的某些经营目标可能成为促使企业采取绿色创新战略的动机，如节约成本、追求产品出口、扩大市场份额、提升组织形象等，具体分析如下：

节约成本是企业绿色创新的一个重要因素。以往学者从节约成本的角度研究其对绿色创新的影响，大多数学者得出了积极的结果（Demirel & Kesidou，2011；Horbach et al.，2012）。但也有个别研究发现，节约成本对采取产能效率（EOP）技术并不产生显著的影响（Frondel et al.，2007），这可能是由于企业往往评估绿色创新中的成本、收益和风险（Bossle et al.，2016），而评估结果的不同将产生不同的决策。

一些学者探讨了企业产品出口对绿色创新的影响。Horbach（2008）的研究表明，可能由于要应对更为激烈的竞争，企业多区域或国际化销售战略对推动企业绿色创新有积极的影响。然而，也有学者得出了不同的结果，如Rehfeld等（2017）研究发现产品出口对企业绿色产品和工艺创新没有显著影响，De Marchi（2012）的研究表明，企业产品出口对健康和安全相关的绿色创新有负向影响。

此外，Horbach（2008）的实证研究表明，企业在具有扩大市场份额或销售额的战略目标时更有可能采取绿色创新；有学者发现，提升组织形象对企业采取环境管理系统（EMS）具有显著的正向影响（Frondel et al.，2008），但对采取产能效率技术和整合清洁生产技术并没有显著的影响（Frondel et al.,2007）；Arnold和Hockerts（2011）提出，企业的创业愿景、寻求教育和可持续项目以及将可持续发展目标整合到业务战略中的做法均对绿色创新有积极的影响。

2. 组织行为对绿色创新的影响

企业的一些组织行为将有利于绿色创新的发展，如应用环境管理系统、企业研发活动、与其他组织机构的技术合作以及企业设备升级等。

学者们对环境管理工具影响绿色创新的研究存在争议。例如，Renning等（2006）验证了企业内部应用环境管理系统对绿色创新具有积极作用（Demirel &

Kesidou，2011）；Horbach（2008）通过研究发现，企业环境管理系统对企业绿色产品创新和工艺创新都有积极影响，但环境管理系统只对企业绿色产品创新有积极影响，对绿色工艺创新没有显著影响；Frondel 等（2008）的研究表明，环境管理系统对企业提升产能效率和采用工艺整合技术没有显著影响；Demirel 和 Kesidou（2011）通过研究发现，环境管理系统能够推动企业产能效率技术和生态研发，但对清洁生产技术并无显著影响；Kesidou 和 Demirel（2012）发现，环境管理系统能够极大地促进企业增加对绿色创新的投资。

有学者考察了研发和创新活动对绿色创新的影响，例如，Horbach（2008）的研究表明，研发活动对绿色产品创新和绿色工艺创新具有积极影响；Rehfeld 等（2007）的研究表明，研发活动对绿色产品创新有积极的影响，但与绿色工艺创新不相关；Hammar 和 Löfgren（2010）的研究表明，企业环境研发投入对清洁生产技术的采用有积极的影响，却对企业产能效率技术的采用无任何影响。Lee 和 Min（2015）区分了一般研发与绿色研发，采用 2001—2010 年的样本数据开展研究，结果表明，企业加大绿色研发投资能够增强企业在产品、工艺和运营效率方面的绿色创新研发活动，减少碳排放，对绿色创新具有正向影响。鉴于绿色创新具有多种表现形式，相比传统创新要面临更大的风险，企业与外部机构的合作也受到学者的关注（Carrillo-Hermosilla et al.,2010）。Laursen 和 Salter（2006）通过研究发现，企业间的合作越频繁，则越可能进行绿色创新；Horbach（2008）提出，企业间合作和依赖有助于企业学习如何减轻环境负向影响，从而有助于绿色创新；De Marchi（2012）的研究证实，与其他企业进行积极的研发合作对绿色创新具有积极的影响。

另有研究证实，企业设备升级能够积极影响绿色创新的实施（Horbach et al.，2012），但对绿色创新的投资水平没有显著影响（Kesidou & Pemirel，2012）。有效的创新管理和“绿色化”供应对绿色创新的实施也会产生积极的影响（Chiou et al.，2011）；Arnold 和 Hockerts（2011）的研究发现，良好的沟通策略、发展内部平台和网络是影响绿色创新的重要因素。还有研究表明，通信技术的采用（Cainelli et al.，2012）、企业组织变革（Horbach，2008）、设立分支机构（Horbach et al.，2012）、创新路径（De Marchi，2012）、创新导向水平（Uhlaner et al.，2012）、创业导向水平（Menguc et al.，2010）对绿色创新均具有积极的影响。

3. 组织特征对绿色创新的影响

尽管企业成立年限、规模、行业等组织特征通常被学者们作为模型中的控制变量，但仍有一些学者将这些因素作为主要前因变量分析其对绿色创新的作用。多数研究认为，大型企业更有意愿和能力实施绿色创新（张钢和张小军，2011）。例如，Dai 等（2015）认为，大型企业更容易获得稀缺资源，从而有助于其与供应商开展环境管理活动，更有助于企业进行绿色实践；有学者认为，企业规模优势可给企业带来绿色创新所需的更多资源（Pereira & Vence，2012）以及进行绿色创新所需的能力（Thoumy & Vachon，2012）；还有学者认为，企业规模越大，它需要应对的环境规制越严厉，所面对的利益相关者压力越大（Chiu & Sharfman，2011）。但也有学者持不同的观点，例如，Darnall 等（2010）的研究表明，小企业创新意愿较强，决策程序相对简单，对来自价值链和规制方面的压力更为敏感，因此，它们更倾向于采取主动性环保措施来迎合利益相关者的环保诉求。企业成立年限对绿色创新的影响还存在争议，一些研究认为企业成立的时间越长，则越有助于企业积累更多的知识和资源，对绿色创新有积极影响（彭雪蓉，2014）；Pereira 和 Vence（2012）的研究认为，企业成立年限可能会带来组织惰性，不利于绿色创新的发展。同时，企业因所属的行业不同，会面临不同的竞争环境和技术条件，行业的差异会给企业带来不同的创新机会，进而影响企业的绿色创新（Pereira & Vence，2012）。

4. 组织资源对绿色创新的影响

绿色创新是一个复杂的过程，与传统创新相比，其投资成本更高、风险更大，企业要顺利实施绿色创新，离不开丰富的资源（如人才、资金、文化、知识、技术和能力）支持。

研究表明，绿色创新是企业履行社会责任和响应环境管理的体现，组织文化成为引导和支持企业实施绿色创新的无形资源，但 Demircl 和 Kesidou（2011）的实证研究表明，企业社会责任感对整合清洁生产、产能效率技术和绿色研发三种绿色创新行为都没有显著的影响；Kesidou 和 Demirel（2012）的研究发现，企业社会责任对绿色创新投资决策没有积极影响，但能够积极影响绿色创新的投资水平。企业环境伦理是企业社会责任的重要组成部分（Holterügge & Dögl，2012），有利于企业绿色产品创新和绿色流程创新（Chang，2011；El – Kassar & Kumar，2017）；Paraschiv 等（2012）、Chen 等（2012）以及 Chang 和 Chen（2013）都认为，环保文化对企业采取绿色创新有积极的影响。潘楚林和田虹的研究发现，绿色组织认同有助于企业把握绿色创新的机会；陈柔霖和田虹的研究表明，组织环境认同有助于推动企业产品绿色创新。此外，员工的素质反映了企业不断学习和坚持创新的能力。如果员工积极参与可持续项目并接受培训，企业有可以信赖的高素质的员工，无疑对绿色创新有积极的影响（Caineui et al. ,2012；Arnold & Hockerts，2011）。Weng 和 Lin（2011）的研究表明，员工素质对绿色创新有积极的影响；Arnold 和 Hockerts（2011）以及 Paraschiv 等（2012）认为人力资源对绿色创新有积极的影响；还有学者关注了企业对员工的培训在促进企业绿色创新中所起的作用（Chinelli et al.，2012）。

通过回顾已有文献可以发现，先前研究大多聚焦于绿色创新的外部驱动因素（如环境法规、社会期望、竞争者压力等）、内部驱动因素（如降低成本、扩大市场份额和升级设备等），鲜有研究对绿色创新的实施过程和发展问题进行考察，对于企业实施绿色创新需要具备哪些条件、企业如何有效促进绿色创新的实施和发展等问题关注不够。

三、绿色动态能力的内涵和维度

尽管“传统动态能力”的概念和维度划分已受到诸多学者的关注，但承载绿色发展理念的“绿色动态能力”的概念及其维度划分仍缺乏研究。

（一）绿色动态能力的内涵

绿色动态能力作为动态能力的一部分，是“动态能力”概念的延续。继学者们开始关注建筑创新、吸收能力、组合能力及配置能力后，Teece 等于 1997 年首次提出“动态能力”的概念，从资源整合和重构的视角将动态能力定义为“企业通过整合、建立和重构内外部资源与能力的一种能力，以应对瞬息万变的市场环境”，强调企业动态能力是一种反映实现创新竞争优势的能力。这一概念的提出有助于解释为什么动态市场中一些组织在建立竞争优势方面比其他企业更成功。

随后，学者们从不同的视角对动态能力进行了界定，主要有以下几种：①能力的视角：Galunic 和 Eisenhardt（2001）认为动态能力是一种能够对现有运营能力进行重组的工具；Winter（2003）认为动态能力属于企业的一种高阶能力，它能改造和拓展企业的低阶能力（企业常规能力）；Barreto（2010）的研究指出，动态能力不仅体现为企业开发新产品和流程的能力，也体现为企业破坏现有市场和产生创意的能力。②过程的视角：Eisenhardt 和 Martin（2000）指出，动态能力是企业为响应市场变化而进行的整合、重新分配、获取和放弃资源的过程，它包含一些可识别的和具体的惯例。Danneels（2011）的研究从抽象的组织管理过程视角指出，动态能力反映了组织为应对不断变化的环境而释放不良资源和获取优质资源的能力。③知识的视角：Wu（2010）从知识管理的视角认为，动态能力是指企业资源整合、学习、重组内外部资源以及快速响应的能力；有学者指出，企业动态能力的核心要素是利用知识（Subramaniam & Youndt，2005）；有学者提出，动态能力能够确保企业不间断更新的关键在于知识流程的支撑（Prieto & Easterby-Smith，2006），甚至认为动态能力本质上是一个知识处理的循环流程（Zollo & Winter，2002），从而将动态能力定义为企业通过感知知识、吸收知识和整合内外部资源并由此提升绩效和应对外界环境不断变化的能力（李文文，2018）。④资源的视角：Newbert（2005）从资源角度分析了企业的动态能力，认为动态能力是创业企业为适应不断变化的环境而对企业资源进行重新配置所表现出的各种组织常规及战略惯例；王建刚等（2012）从资源利用的角度指出，“动态能力”这一概念中的“动态”强调了对资源的及时更新，“能力”反映了对内外部资源的整合和重构，体现了战略管理的重要地位；有学者指出，动态能力是整合、学习以及对内外部资源动态配置的企业能力（Teece & Pisano，1997；Lin & Wu，2014），其中，内部资源通常代表企业本身拥有的资源，而外部资源可以通过合作联盟和收购获得。

在环境法规日益严格和利益相关者环保压力不断升级的背景下，越来越多的企业选择实施环保战略，动态能力研究领域也开始引入绿色发展和环境保护管理的理念，“绿色动态能力”这一概念应运而生，一些学者给出了绿色动态能力的定义。Chang（2013）根据 Teece 等的研究，将绿色动态能力定义为企业利用其现有资源和知识来更新与发展其绿色组织能力的能力，以此来响应动态市场。Lin 和 Chen（2017）指出，绿色动态能力是通过整合和重构内、外部资源与技能，设计和生产绿色产品，以适应复杂多变的市场环境。Qiu 和 Wang（2019）认为，绿色动态能力是指企业在不断变化的环境中实现可持续和绿色发展的高水平能力，强调与环境保护相关的内部和外部资源的整合、构建与重组。李先江（2014）指出，绿色动态能力是企业为应对环境变化而对组织内、外部资源（包括绿色资源）进行重组，突破原有的组织流程和战略惯例，从而实现创业活动与生态环境协调统一的能力。黄晓杏等（2015）指出，绿色动态能力是企业在开发绿色产品、创新绿色流程和开展绿色管理的过程中，打破现有路径依赖进行组织学习和资源整合并根据环境变化做出调整以满足政府和公众的环保需求的能力。曹翠珍和赵国浩（2017）认为，绿色动态能力是在绿色转型发展中，企业为适应外部环境的变化和实现可持续发展而进行资源、流程、路径和竞争地位的学习、整合、重构、配置、更新与响应的能力。潘楚林（2017）指出，绿色动态能力是企业为应对政府的环保政策和公众的绿色市场需求，根据内外环境的变化不断做出调整、打破现有路径依赖并构建新的环境战略惯例的能力。王海芳等（2020）认为，绿色动态能力是企业在产品治理、污染预防以及实现可持续发展的进程中，对绿色技能和资源的识别、获取、挖掘、应用乃至不间断地更新和再配置，进而形成企业绿色运营体系的能力。

本书将环境管理理念融入“动态能力”的概念中，明确了绿色动态能力的定义，将其界定为企业在其环境管理方面所体现出的组织学习能力、内外资源整合和动态配置资源的综合性能力，以应对行业环境的不断变化。

（二）绿色动态能力的维度

以往学者从不同的研究视角对动态能力的维度进行了划分。多数学者沿用 Teece（2007）的三分法，即动态能力被划分为感知（或理解）机遇的能力、获取（或捕捉）机遇的能力以及重构（或更新转换）资产的能力，这三种能力具有逻辑上的递进关系：企业在瞄准新机遇和监测市场环境变化时需要具备感知能力；企业在设计产品架构、商业模式和品牌管理等活动时需要具备捕捉机遇的能力；企业在重新部署现有资产、管理补充资产和重新设计流程时需要具备更新资产的能力。Qiu 和 Wang（2019）认为，绿色动态能力可以划分为资源整合能力、资源重组能力和环境洞察能力；冯军政和魏江（2011）借鉴国外学者的研究，将动态能力划分为感知机会与威胁、资源整合以及资源重构三个维度；马鸿佳等（2014）将动态能力划分为整合资源的能力、学习能力以及企业适应环境的能力三个维度，并研究了动态能力对企业创业能力和竞争优势的影响；徐宁等（2014）基于技术创新的流程将动态能力划分为投入、产出和转化三种能力；李文文（2018）从企业利用知识和资源的角度将动态能力划分为吸收、感知和创新三种能力。

有些学者将动态能力划分为四个维度。例如，Eisenhardt 和 Martin（2000）从微观基础资源的角度提出，动态能力包括整合、重构、获取和释放资源四个维度；Verona 和 Ravasi（2003）从知识管理的视角将动态能力划分为知识吸收能力、知识整合能力、知识重构能力和知识创造能力；中国台湾学者 Wu（2007）从知识管理的角度出发，将动态能力划分为学习、资源整合、资源重组以及快速响应四种能力，研究了动态能力对企业创新绩效的影响；Pavlou 和 Sawy（2011）发展了 Teece 等学者基于企业层面综合战略的视角对动态能力的研究，从管理决策的视角分析了动态能力的组成部分，将动态能力划分为感知能力、学习能力、整合能力和协调能力，使动态能力的划分从抽象到具体且具有可识别性。其中，感知能力是指发现、理解和追求机会的能力；学习能力是指识别、提取和分享新知识的能力；整合能力是指企业通过集体智慧将新知识吸收并纳入企业运营中；协调能力是指在重新配置的操作功能中部署任务、资源和活动。这四种能力层层递进：当企业受到内外部刺激时，动态能力中感知环境的能力会发挥作用；企业需要通过改进现有运营能力来提高其学习能力；在此基础上，企业需要结合新的知识提高整合能力；进一步地，企业需要更多的同步任务、资源和活动以便提高其协调能力。焦豪等（2008）将动态能力细分为四个维度：组织柔性、变革更新、环境洞察以及技术柔性；王菁娜和冯素杰（2009）从知识管理的角度出发，将动态能力划分为吸收能力、学习能力、整合能力和创新能力；张伟等（2018）认为，动态能力可分为机会识别能力、组织柔性能力、整合重构能力和技术柔性能力四个部分。

部分学者将动态能力划分为两个维度。例如，Wang 等（2015）将动态能力分为知识吸收能力和知识转化能力；曾萍（2009）基于流程视角认为动态能力包括重组转型与协调整合两种能力；戈亚群等（2018）从新产品开发的视角出发，将动态能力划分为技术与营销两种能力。

另有学者认为动态能力应分为五个维度。例如，贺小刚等（2006）将动态能力划分为组织学习、组织柔性、市场潜力、组织变革和战略隔绝五个维度，并通过访谈，利用我国企业调研数据对动态能力进行了研究。董保宝等（2011）认为，动态能力不仅包括组织学习能力和资源整合能力，还包括环境适应能力、企业战略隔绝机制和组织变革能力。林萍（2012）借鉴先前研究，将动态能力细分为组织柔性、组织学习、预防风险、整合资源和市场导向五种能力。

学术界对动态能力的研究相对成熟，但对绿色动态能力的研究还处于起步阶段。Qiu 和 Wang（2019）认为绿色动态能力包括整合资源、重新配置以及洞察环境三种能力；李先江（2014）将绿色动态能力划分为绿色环境洞察力、绿色组织柔性、环境知识学习能力和绿色变革能力；黄晓杏等（2015）发展了先前的研究，将绿色动态能力划分为绿色关系、绿色组织学习、绿色环境适应以及绿色资源整合四个维度；曹翠珍和赵国浩（2017）借鉴已有文献，将绿色动态能力细分成三个维度，即绿色资源整合、组织学习吸收以及绿色环境适应的能力；潘楚林（2017）结合学者们的划分方法，将绿色动态能力划分为组织学习吸收、绿色环境适应、绿色资源整合以及绿色变革四个维度。通过梳理已有研究发现，尽管学术界对动态能力的维度划分仍存在一定差异，但大多反映或发展了 Teece 和 Pisano（1997）以及 Teece（2007）的研究成果。

本书结合先前学者的划分方法和研究目的，将绿色动态能力划分为绿色学习能力、绿色整合能力和绿色动态配置能力三个维度。考虑到研究目的，针对不同类型绿色动态能力在外部知识获取影响企业创新和企业绩效过程中所起的权变作用，需要对绿色动态能力进行更为具体化和可操作化的研究，而不是在抽象层面探讨，因此沿用Teece和Pisano（1997）以及Teece（2007）的划分方法，从微观基础角度对绿色动态能力作进一步划分。动态能力维度中的整合和配置维度得到多数学者的认同，但动态能力是否包含感知维度却在战略管理研究领域备受争议。感知能力与学习能力有一定的共性，它们都从认知层面体现了企业对外界环境的变化能够快速发现和反应的能力，但二者在内涵上存在细微差异：感知能力强调企业对机会的瞄准和把握，学习能力强调企业对知识的发掘和分享。结合绿色动态能力在对外部知识获取转化过程中发挥的作用，笔者认为绿色学习能力比感知能力更能影响企业对外部知识资源的转化和应用，由此将绿色动态能力划分为绿色学习能力、绿色整合能力和绿色动态配置能力三个维度。类似地，Lin和Wu（2014）采用Teece等的方法，将动态能力划分为三种类型，即动态学习能力、动态整合能力以及动态配置能力。绿色学习能力强调企业对环保知识的识别、提取和分享。学习是通过重复和审查使企业运营更加有效的过程，企业要想在不断变化的环境中把握市场机遇，就必须通过学习寻找和发掘新思维，并通过在组织内部通过分享得到新的解决方案以开发出新产品。绿色学习能力包括识别环保知识、提取环保知识和分享环保知识三个基本程序，动态能力研究领域也存在类似的这三种概念。其中，识别环保知识涉及动态能力研究所强调的追求新的倡议；提取环保知识涉及动态能力研究所强调的知识表达和知识媒介；分享环保知识涉及动态能力研究所强调的组织机会学习以及头脑风暴等。绿色整合能力是指企业能够将外部的绿色资源和技术有效吸收并内化到内部的生产流程中，从而在绿色流程和工艺之间保持共通性和互补性。绿色整合能力包括三个基本程序：个人对集体绿色实践活动的贡献、代表性以及相关性。这三个基本程序与动态能力的研究密切相关，如个人对集体绿色实践的贡献涉及动态能力研究所强调的“企业在业务单元内传播个人投入”；个人对集体绿色实践的代表性涉及“其他人如何行动”“单位的活动如何一起配合”；个人对集体绿色实践的相关性涉及“整合个人投入以不断改进企业的运营能力”。绿色动态配置能力是指企业通过对环境进行扫描和预测，动态部署绿色资源以改造环保实践的能力（Zhou et al.，2018）。动态配置资源需要企业实时监控市场趋势和新的技术，从而能感知和抓住机遇。正如 Teece 和 Pisano（1997）指出的，校准变革要求和实行必要调整的能力可能取决于企业扫描环境、评估市场和竞争对手以及在竞争中提前快速完成重新配置的能力。绿色动态配置能力包括四个程序：对绿色市场进行扫描、对绿色市场的变化进行预测、对绿色市场变化作出快速响应和对绿色市场资源重新部署。绿色动态配置能力的四个程序与动态能力的研究密切相关。例如，对绿色市场进行扫描会涉及动态能力研究中的识别消费者需求和识别市场机会；预测绿色市场的变化会涉及动态能力研究中的解释市场情报、了解事件及其发展以及探索新机会；对绿色市场变化作出快速响应会涉及动态能力研究中的对市场趋势作出反应和抓住新的市场机遇等；对绿色市场资源重新部署则涉及动态能力研究中具体的市场划分和资源组合等。

四、企业绩效的相关研究

根据已有研究，企业绩效体现了企业在多种能力因素综合作用下的经营成绩和运营效果（彭露西，2019）。目前，学术界广泛使用的两类企业绩效是企业经济绩效和企业非经济绩效。

（一）企业经济绩效

企业的根本目的是获得利润，实现经济盈利，本书所指企业经济绩效也称为企业财务绩效。迄今，学术界对企业经济绩效没有形成标准统一的定义，主要有以下三种观点：有研究从输出结果的角度，认为企业绩效就是企业战略目标实现的程度，是评估结果的一种考核标准，是企业目标、期望与结果的统一（王黎唯，2019）；有研究认为，结果受到系统因素的影响，企业会将绩效看作一种行为表现，是企业采取的与组织目标相关的价值创造行为或行动（景娜娜，2019）；还有研究结合以上两种观点，将绩效看作企业行为表现和输出结果的综合，认为企业经济绩效是企业经过一段时间的治理和经营所取得的成果和创造的价值提升（范春雨，2019）。

目前，学术界对于采用哪些指标来测定企业经济绩效还未达成一致。大卫·李嘉图认为，可以通过核算一段时间内企业的经营、利润、负债等各类资产情况来衡量企业经济绩效（李金波，2019）；杜邦分析法（Dupont Analysis）采用净资产收益率来衡量企业的经营成果（Shu et al.，2016）；托宾 Q 值代表资产重新构建的价值，反映了企业的投资报酬率（Zhang et al.，2020）。多数研究认为财务指标是经济的体现，企业经济绩效反映了企业的盈利能力和发展能力，可以通过销售利润率、资产利润率和市场份额增长率等财务指标来进行衡量。例如，有学者采用总资产报酬率来衡量企业经济绩效（尹建华等，2020；Gras & Krause，2018）；还有学者采用净资产收益率、销售利润率和总资产报酬率来衡量企业经济绩效（解学梅等，2020）。此外，有研究认为，不同的企业要实现不同的目标，如果采用单一的测量标准可能会出现误差，因此将目标的完成程度设定为衡量指标（郑俊圭，2019）；还有研究认为，不同国家的会计制度和记录习惯不同，不宜直接用财务资料对企业之间的经济绩效进行比较。

已有研究认为企业经济绩效的影响因素主要有以下几个：①有学者研究了企业绩效的外部影响因素，发现政治、经济政策能够为企业提供政策优惠和更多的投资支持，有助于优化企业经济绩效（Sheng et al.，2011）；企业所拥有的天然的地理优势和掌握的独特性资源也能够增强企业的核心竞争优势，自然环境和资本资源也对企业经济绩效有一定影响（Qiu & Wang，2019）；社会文化的不同能够对企业员工的价值观、工作态度和行为表现等产生影响，从而在具体工作中体现出差异，造成工作效率的不同，进而对企业的经济绩效产生影响（Meek et al.，2010）。②有学者研究了企业经济绩效的内部影响因素，发现不同产权性质的企业在治理结构、运行方式上存在差异，进而影响企业的产出效率，对企业经济绩效造成影响（Huang et al.，2016）；企业的自身特征，如规模、年龄和行业等因素对企业经济绩效具有一定的影响（Liao, 2016）；当员工具有较强的工作能力和执行能力时，就会通过合理安排时间提高工作效率并保证工作质量，有利于提升企业经济绩效；另外，优秀的企业文化能够引导员工的行为，提高员工的工作积极性，推动组织创新，进而对企业经济绩效产生积极的影响（景娜娜，2019）。③还有学者从资源观和能力观的角度进行研究，认为企业对内部资源和能力的整合是提升企业经济绩效的关键因素，企业所拥有的相关情报和企业实力是缺一不可的，企业需要高度重视其内部资源与能力的有机整合，只有二者的糅合才能保障企业经济绩效稳步提升（王黎唯，2019）。

本书将企业经济绩效看作行为表现和输出结果的综合，并认为企业资源和能力对提升企业经济绩效有重要影响。

（二）企业非经济绩效

企业能否获得可持续竞争优势，不仅取决于其经济绩效，还应着眼于企业的长远经营和未来发展，这就需要考虑企业的非经济绩效。企业非经济绩效体现在多个方面，如企业的可持续发展能力、员工满意度、品牌声誉、外部利益相关者认同、员工忠诚度、市场占有率等无形资产（Gadenne et al.，2013）。

关于企业非经济绩效，本书重点关注环境改善方面的成果，即企业环境绩效。随着环境法规的日益严格和可持续发展理念逐渐深入人心，企业环境绩效成为衡量企业非经济绩效的一个重要方面（Alexopoulos et al.，2018）。企业环境绩效高意味着企业能在生产和运营过程中节约资源、严格管控污染物或有毒有害物质的排放，减轻环境负担（Sanchoz – Medina et al.，2013）。企业主动承担社会责任，并在环境保护方面投入人力、物力以减少环境污染，以此提高企业环境绩效。根据 ISO14001 的定义，企业环境绩效是企业在生产运营过程中承担环保责任，在治理污染和节约资源等环境改善方面所取得的绩效（Johnstone et al.，2020）。目前，国内学者关于企业环境绩效的理解尚未达成一致，参考已有文献，国内比较有代表性的观点可分为以下三类：①从企业所取得收益的角度来看，企业环境绩效即企业在减轻环境污染等方面的成果，表现在环境质量的提升及其所带来的价值；②从企业采取环境保护措施的角度来看，企业环境绩效应包括企业为履行环境法规付出的努力或费用支出；③企业环境绩效有宏观和微观两类，宏观的企业环境绩效与企业财务绩效有一些重合，微观的企业环境绩效即企业治理环境的效果（方孝娟，2013）。

参考ISO14001国际环境管理体系的定义，本书所指的企业环境绩效是企业微观层面的环境绩效，并认为企业环境绩效是企业通过控制和管理生产运营活动，在减少污染和节约资源等方面产生的可测量的环境管理成果。

第三节　外部知识获取与企业绩效的关系研究

多数研究发现企业从外部获取和吸收新知识能够为企业提供新的解决方案从而改善企业绩效（Zheng et al.，2014），但也有学者指出知识对企业绩效的作用不一定总是正向的（汀旭等，2008），甚至有学者发现企业从外部获取知识可能会给企业绩效造成损失（Bloodgood，2019）。

一方面，有学者认为紧密相连的网络为组织提供了获得专门知识、信息和经验的机会，这些性质复杂的专门知识、信息和经验对企业提升绩效具有重要意义（Zheng et al.，2014）。Li等（2010）以新兴国家的供应商为研究对象，结果发现供应商的知识获取会对企业的绩效产生积极影响。Otto（2012）通过调查跨国企业的战略联盟发现一个组织可以从联盟经验中学习知识来增强其竞争力。Zheng等（2014）研究发现企业通过获取和吸收外部知识，能够针对现有问题提出新的解决方案，并发现进一步的发展机会，获得潜在的竞争优势。Park等（2017）通过研究发现，外部知识获取对产业联盟治理与绩效的关系起正向调节作用。此外，还有学者发现外部知识获取有助于企业将技术和资源与当地市场需求相结合，提高其在当地社区的合法性（Berchicci，2013；Husted et al.，2016）。对于跨国公司来说，企业从外部获得新的见解和知识，有助于其转让的产品或能力适应当地环境（Ren et al.，2015），减轻企业在创新方面对外部环境的依赖（Yung & Wei，2019）。Papa等（2018）研究发现，知识获取对企业人力资源管理实践有积极的影响。Yang和Wei（2019）研究了新兴市场中的跨国子公司，指出外部知识获取有助于企业将跨国公司转让的技术与本地知识结合起来，开发出本地产品和服务，进而获得竞争优势；Yli – Renko等（2001）的研究指出，外部知识获取对知识应用有积极的影响。刘小娟等（2015）的研究表明，知识获取对企业员工的工作满意度有积极的影响；曾德明等（2015）基于186家制造业企业数据，发现外部技术许可引进对企业绩效有积极影响。

另一方面，Inkpen（1998）通过研究发现，企业在外部知识获取方面可能出现“盲目”或“短视”现象，不利于企业绩效的提高；Presutti等(2007）认为，由强关联的代理商所组成的组织间网络使企业获取一些与企业内部重复或类似的信息，产生冗余收益；Bloodgood（2019）认为，知识获取可能导致错误或不相关的知识被纳入企业的知识库，给企业造成损失；王涛等（2017）通过研究认为，外部知识获取容易使组织形成路径依赖，降低其内部创新的动力，对未来实现可持续发展构成潜在的风险。

有学者开始探讨知识与绩效间的中介因素，例如，Lee和Choi（2003）指出，企业获取的知识可以通过组织创造性地影响企业绩效；Ahn和Chang（2004）指出，企业获取的知识可以通过产品创新和过程创新影响企业绩效；江旭等（2008）指出，企业外部知识获取通过新产品开发对企业绩效产生影响。

通过回顾已有文献可以发现，相关研究所关注的企业绩效聚焦于企业经济绩效，鲜有文献探明外部知识获取对企业环境绩效的影响。另外，已有研究在知识与组织绩效关系间引入的中介变量大多局限于组织创造性和过程创新等角度，鲜有学者将外部知识获取纳入环境管理领域展开研究。

第四节　绿色创新与企业绩效的关系研究

传统经济学观点指出，任何改善环境的努力都需要企业增加外部成本和额外的付出，因此企业投资于环境活动是无益的。这种观点认为，绿色实践追求环保性技术，具有更高的技术标准，会对企业长期的经济绩效产生消极的影响。因此，绿色创新会导致企业的环境技术成本更高，承担强制性更高的环境遵从性，从而给企业带来收益递减效应。然而，波特假说和生态现代化理论认为，绿色创新能给企业带来商机，是企业在可持续发展背景下节约能源、提高生产效能和维持企业竞争优势的重要战略工具。波特假说指出，那些给环境造成污染的企业行为会造成资源浪费、降低产品价值，甚至带来产品质量问题，而那些减少污染或消除浪费的企业行为不仅不会削弱反而能增强企业竞争力（Porter et al.，1995）；生态现代化理论也强调，通过采用绿色创新，企业不仅能改善环境和提高经济方面的收益，还能实现环境友好型社会（Zhu et al.，2012）。

目前，绿色创新已被大多数研究认为是提高组织绩效的关键因素（Kumar et al.，2020；Sharma，2017）。例如，Hart（1995）的研究指出，绿色创新的实施有助于企业减少污染排放，达到环保法律的规定标准，降低环保法规的遵守成本；Sharma 和 Vredenburg（1998）的研究发现，企业采取绿色创新不仅能改善企业的环境绩效，还能通过促进产品销售提高企业的经济绩效；Eiadat 等（2008）的研究表明，企业实施绿色创新有利于获得更好的环境绩效和经济绩效；Tseng 等（2013）的研究发现，绿色创新能提高企业内部效率和改善企业绩效；Chang（2011）的研究表明，企业的绿色产品和工艺创新对竞争优势有积极影响；Chiou 等（2011）的研究证实了绿色创新对企业环境绩效及其竞争优势的积极影响；Cai 和 Zhou（2014）提出，绿色创新是提供客户价值和商业价值的战略，有助于降低环境成本和影响，实现可持续发展；Hojnik 和 Ruzzier（2016）的研究发现，绿色工艺创新在公司盈利能力、增长和竞争优势方面都能发挥作用；Li 等的研究发现，绿色创新不但是企业未来获得竞争优势的重要手段，而且是保持合法性的基本要求；Cai 和 Li（2018）指出，绿色创新战略可以提高资源效率、节约原材料以及在符合环境法规的情况下降低企业的污染惩罚成本；Zhang 等（2019）对中国上市制造企业的调查发现，绿色专利与企业绩效之间有着积极而重要的关系；李杰义等（2015）的研究发现，绿色创新对企业环境绩效具有正向影响；解雪梅等（2015）验证了绿色工艺创新对企业环境绩效具有正向影响；庞婷（2013）的研究验证了绿色产品创新、绿色流程创新和绿色管理创新均能有效提升制造企业的环境绩效，给制造企业的长期发展带来竞争优势；曾江洪等（2020）利用沪深 A

股企业的面板数据，研究发现绿色产品创新对企业经济绩效有显著的正向影响，但绿色过程创新对企业经济绩效的影响不显著；陈泽文和陈丹（2019）对山东省256家重污染企业进行调研，结果表明绿色产品创新和绿色工艺创新都能显著提升企业绩效。

通过回顾先前文献发现，已有文献考察了绿色创新实践对企业绩效的影响，并进行了案例和大规模的研究，但研究结果仍存在不一致性。另外，对绿色创新对企业绩效的研究大多基于资源基础观的静态视角，较少有学者从动态能力的视角探究绿色创新影响企业绩效的情境因素。

第五节　外部知识获取与绿色创新的关系研究

作为开放式创新范式的重要支柱，外部知识获取对创新具有重要意义。Laursen 等（2012）的研究表明，在企业研发中，外部知识获取是创新成功的关键，尤其是当企业研发以市场为中心时，知识获取对创新的作用更有效（Zhou & Bingxin，2012；Lin et al.，2012）。表1－3列出了一些有代表性的实证研究。

表1－3　外部知识获取影响创新的相关文献

文献来源	样本	创新的类型	研究结果
Marvel（2012）	166家新技术企业	激进式产品/服务创新	知识获取（客户问题和市场）对激进式创新有积极影响
Martinez-Canas 等（2012）	科技园区内214家企业	产品创新	知识获取在社会资本和企业创新关系中起完全中介作用
Liao 等（2013）	23家企业的449份调查	产品、市场、流程	组织学习在知识获取和创新中起完全中介作用
Parra-Requena 等（2013）	166家西班牙鞋类企业	新产品绩效	整合能力在知识获取和创新关系中起积极的调节作用
Molina-Morale 等（2014）	224家西班牙鞋类企业	新产品绩效	知识获取对企业创新绩效有显著的正向影响

续表

文献来源	样本	创新的类型	研究结果
简兆权等（2014）	193 家北京、广州和厦门高科技企业	组织创新	知识获取在政治关联和商业关联对企业创新的影响中起完全中介作用
范钧等（2014）	浙江省 213 家 KIBS 中小企业	突破性创新绩效	隐性知识获取在网络配置、网络运作能力与创新绩效关系中起部分中介作用，在网络规划、网络占位能力与创新绩效关系中起完全中介作用
舒成利等（2015）	205 家联盟企业 410 份数据	创新绩效	知识获取对创新绩效有显著的正向影响，吸收能力在知识获取与创新绩效之间起正向调节作用
熊捷和孙道银（2017）	151 家知识密集型高技术企业	技术创新能力和产品创新绩效	显性技术知识和隐性技术知识获取在社会资本和企业创新绩效中起不同的中介作用
李纲等（2017）	298 份样本数据	服务创新绩效（财务和非财务）	外部知识获取有助于提升服务创新的财务绩效和非财务绩效
侯光文和薛惠锋（2017）	206 家产业集群企业	协同创新	知识获取在网络强度、网络质量和网络稳定性对协同创新绩效的影响中存在完全中介作用，在网络权力和协同创新绩效之间起部分中介作用

从表1　3 中可以看出，已有学者从不同角度研究了外部知识获取与创新的关系，并发现了组织学习（Liao et al.，2012）、整合能力（Parra-Requena et al. ,2013）、吸收能力（舒成利等，2015）等变量在知识获取与企业创新之间所起的作用。就外部知识获取对创新的具体作用机制来看，外部知识获取还可能在创新的产生过程中起调节作用。例如，刘学元等（2016）从供应链视角出发，探讨了知识获取在供应商、客户和企业内部这三种社会资本对企业

创新绩效影响中所起的正向调节作用。尽管多数研究表明知识获取与创新之间存在积极的联系，但也有研究有不同的观点，如 Berchicci（2013）认为企业过多地依赖从外部获取知识，将不利于企业自身的知识积累和发展，从而影响创新绩效。

在绿色创新方面，有研究结果表明组织所拥有的知识、技术和能力对绿色创新有重要的支持作用。例如，Berrone 等（2013）的研究表明，企业整合、协调、构建和重组技术资源有助于企业实现环境管理和绿色创新；Paraschiv 等（2012）提出，组织的知识基础和技术机会是促使企业绿色创新的关键；Leonidou 等（2015）的研究强调了企业的资源与能力对其实施绿色商业战略的重要作用；曹洪军和陈泽文（2017）的研究发现，创新能力能够对企业绿色创新产生积极影响，但创新资源无法对绿色创新产生积极影响；Abbas 和 Sağsan（2019）以巴基斯坦的企业为研究对象，发现知识管理对绿色创新和可持续发展活动均有积极的影响；Wang 等（2020）的实证结果表明，绿色知识获取对可利用性绿色创新和可探索性绿色创新都具有积极作用；毕克新等（2014）的研究发现，制造业绿色创新系统中绿色创新资源投入对企业绿色创新能力起着积极的促进作用；李杰义等（2015）基于长三角地区制造企业，对环境知识学习、绿色创新行为与环境绩效之间的关系进行考察，研究结果表明环境知识学习对绿色创新行为和环境绩效均具有正向影响；李旭（2015）指出，组织实施绿色创新的五个关键因素包括基于产品和流程的绿色能力、跨职能的内部绿色组织能力、对环保问题的战略规划、员工对环保问题的参与和培训，以及正式的环境管理程序和体系。此外，还有学者提出绿色核心能力（Chen，2008）、知识共享（Ben et al.，2018）、组织学习（Fong & Chang，2012）对绿色创新有积极的影响。

通过回顾已有文献发现，尽管学者们分析了外部知识获取对创新的积极影响，但大多集中在外部知识获取对一般创新的影响；尽管有学者开始关注知识资源对绿色创新的支持，但较少在开放式创新的背景下分析企业从外界获取知识对绿色创新的重要作用。

第六节　绿色动态能力、绿色创新与企业绩效的关系研究

一、绿色动态能力与企业绩效

现有研究发现在不同情境下动态能力对企业绩效的作用存在差异，但大多数研究认为动态能力对企业绩效有积极的影响（曾萍，2009；Li et al.，2018）。Lin 和 Wu（2014）从资源转化的角度出发，结合资源基础理论和动态能力理论进行实证研究，发现企业绩效不仅受到资源的直接影响，还受到动态能力中介的间接影响；Zhou 和 Bingxin（2012）的研究认为，动态能力强调资源利用和重组的灵活性，从而能够增强技术能力，提高企业绩效；Xing 等（2020）基于 355 家中国制造企业的数据，开发了一种多元中介模型，发现环境监管可以通过绿色动态能力和可持续性创新帮助企业改善财务绩效；黄晓杏等（2015）认为，绿色动态能力有助于企业打破现有的路径依赖，从而获得持续性竞争优势，并能树立企业绿色形象和提升企业绩效；王海芳等（2020）指出，绿色动态能力对企业融资绩效有显著的正向影响，对企业维持核心竞争力具有关键作用。

此外，还有学者从企业成长、企业竞争优势等方面进行研究，发现绿色动态能力在企业中发挥的积极作用。Pavlou 和 Sawy（2011）、Chang（2013）的研究表明，企业可以利用动态能力整合资源、形成优势互补；Zhou 等（2006）指出，动态能力能够对企业外部运营环境的变化做出及时、有效的响应；Zahra 等（2006）指出，动态能力使企业能够超越目前的常规，以不同的方式解决问题，以便应对不断变化的外部环境；Qiu 和 Wang（2019）认为，绿色动态能力可以收集、识别和预测外部信息，如绿色技术变化、绿色需求以及与企业绿色发展相关的各种政策，并验证了绿色动态能力对竞争优势具有显著的正向影响，且绿色动态能力的资源整合能力、资源重组能力和环境洞察能力在绿色产品创新与竞争优势之间起着中介作用；李先江（2014）认

为企业绿色动态能力能够改变固有的商业经营模式，并以国内215家企业为样本进行实证检验，结果表明绿色动态能力对企业成长具有显著的正向影响；曹翠珍（2015）的研究表明绿色动态能力对竞争优势具有正向影响，并在绿色创新和竞争优势之间起中介作用。

二、绿色动态能力与绿色创新

近年来，有学者开始关注动态能力对组织创新的影响，如管理创新（Lin et al.，2016）、跨国公司的子公司创新（Michailova & Zhan，2015）以及绿色创新（Bossle et al.，2016）等。Lubatkin 等（2006）从新产品开发的角度出发，发现动态能力可使企业能够根据过去的经验和教训避免重蹈覆辙，并探索新知识和开发新产品，从而提高企业创新效率；Peris－Ortiz 从学习能力的角度进行研究，发现动态能力能够使企业更加积极主动，提高企业学习和发现新机会的能力有助于提高企业创新能力；Lin 等的研究指出，动态能力嵌入组织的过程中，可以增强组织的激进创新能力；Lee 和 Kelley 指出，动态能力使企业能够整合资源，从而提高创新成果；Chang（2013）指出，由于创新将面临高度的不确定性，动态能力成为创新过程中的关键驱动力；Xing 等（2020）将可持续创新分为可持续探索性创新和可持续利用性创新，并通过实证检验发现绿色动态能力对可持续探索性创新和可持续利用性创新均具有显著的正向影响。

在绿色创新方面，多数研究表明绿色动态能力有利于促进企业绿色创新。Huang 和 Li（2017）认为，动态能力反映了企业在环境波动条件下对组织技能和资源的整合与部署，有助于推动企业的绿色产品创新和绿色工艺创新；潘楚林（2017）的研究表明，企业的绿色动态能力越强，其适应动态环境和解决问题的能力就越强，就越有利于促进绿色创新；Qiu Wang（2019）的研究表明，绿色产品创新对企业竞争优势和绿色动态能力均具有积极的影响，企业声誉积极调节着绿色产品创新与资源整合能力之间的关系，并积极调节着绿色产品创新与资源重组能力之间的关系，但在绿色产品创新与环境洞察能力之间没起到调节作用；Joshi 和 Dhar（2020）对211名手工艺品经营者进行调查研究，结果表明绿色培训能够直接影响组织绿色创造力，并可以通过绿色动态能力的中介作用对绿色创造力产生积极的影响；黄晓杏等（2015）通过调研国内中部六省的制造企业，验证了绿色产品创新和绿色工艺创新对企业绿色动态能力有显著的正向影响；邢丽云和俞会新（2019）的研究发现，内部绿色动态能力对绿色产品创新具有显著的正向促进作用，但对绿色工艺创新影响作用并不明显，且绿色动态能力能够正向调节环境规制对绿色创新的积极影响；邢丽云和俞会新（2018）对218家建筑企业进行调查研究，结果发现绿色动态能力对企业绿色创新具有显著的正向促进作用，且绿色动态能力与网络关系强度和高管环保意识的两两交互作用都能积极影响绿色创新实践；曹翠珍和赵国浩（2017）、曹翠珍（2015）将绿色创新视为可利用性和可探索性绿色创新的动态演化过程，研究发现绿色创新能够正向影响资源型企业的绿色动态能力；邢丽云和俞会新（2015）的研究发现，绿色动态能力中的绿色资源获取能力和绿色资源整合能力对企业绿色创新具有积极的影响，并通过实证检验了环境规制和高管环保认知在此过程中的调节作用。

通过回顾已有文献发现，以往学者对动态能力的研究较为丰富，但关于绿色动态能力的研究仍处于起步阶段。近期有研究开始关注绿色动态能力对企业绿色创新和提升绩效的影响，但大多局限于探讨绿色动态能力的直接作用。

第七节 文献评述与研究启示

通过对相关文献进行梳理和回顾，针对现有研究的不足展开评述，进而指出研究方向。具体分析如下：

一、外部知识获取研究评述

学者们分析了外部知识获取对创新的积极影响，但主要探讨的是外部知识获取对一般创新的影响，较少基于可持续发展背景分析外部知识获取对绿色创新的影响。本书试图在开放式创新和可持续发展的双重背景下，将外部知识获取引入环境管理领域，以期揭示外部知识获取对企业绿色创新的影响及作用机理。

企业界和学术界对外部知识获取的研究方兴未艾，但已有文献所关注的企业绩效主要是针对企业经济绩效，鲜有学者考察外部知识获取对企业非经济绩效的影响，尤其是对企业环境绩效的研究仍缺乏理论探讨，因此，外部知识获取对企业环境绩效的作用及影响机制有待进一步厘清。

已有学者探讨了外部知识获取对企业绩效的影响，但研究结果仍存在争议：多数学者验证了从外界获取和吸收新知识能够为企业提供新的解决方案从而改善企业绩效（Zheng et al.，2014），但也有学者指出知识对企业绩效的作用不一定总是正向的（江旭等，2008），还有学者发现企业从外部获取知识甚至可能对企业绩效造成损失（Bloodgood，2019），甚至有研究发现企业在外部知识获取方面可能出现“盲目”或“短视”现象从而不利于企业绩效的提高。因此，探讨外部知识获取对企业绩效的影响有必要将中介及调节机制纳入研究框架，尽管有学者开始在知识与组织绩效的关系间引入中介变量，如组织创造性和过程创新等，但鲜有研究从理论上探讨外部知识获取在环境管理领域中起着怎样的作用，更缺乏研究将绿色创新作为中介因素分析外部知识获取对企业绩效的影响机理。因此，企业开展外部知识获取是否能够推动企业绿色创新、能否通过绿色创新的中介作用提升企业绩效、在外部知识获取影响绿色创新过程中还存在哪些边界条件，这些问题都值得进行细致深入的研究，为本书指明了可以拓展的方向。

根据知识性质的不同，外部知识获取可分为技术知识获取和市场知识获取。以往关于外部知识的研究主要聚焦于或默认为技术知识而忽视了市场知识，也缺乏对技术知识获取及市场知识获取的全面考虑，因此，市场知识获取在企业中发挥的作用还需要进一步探究，不同类型外部知识获取发挥的作用也有待进一步比较分析。

鉴于此，本书将技术知识获取和市场知识获取纳入同一框架，以期探讨两类外部知识获取对企业绿色创新的影响，以及两类外部知识获取对企业绩效（企业环境绩效和企业经济绩效）的影响，并试图从绿色创新角度厘清外部知识获取对企业绩效的影响机制。

二、绿色创新研究评述

学者们基于不同的理论和研究视角对绿色创新展开了研究，但仍存在一些不足之处。

尽管已有文献分析了企业实施绿色创新的影响因素，实践中也有很多企业已经将绿色创新纳入其战略规划，但先前研究大多聚焦于环境法规、社会期望、竞争者压力等绿色创新的外部驱动因素以及降低成本、扩大市场份额和升级设备等内部驱动因素，鲜有研究考察绿色创新的实施过程，对于企业实施绿色创新需要具备哪些条件、企业如何有效促进绿色创新的实施和发展等问题关注不足。尽管有学者开始注意到组织所拥有的知识和能力等资源对绿色创新的发展起支持作用，但较少在开放式创新的背景下探究外部知识获取对绿色创新的作用，更鲜有学者对企业外部知识获取影响绿色创新的内在机制进行探讨。鉴于绿色创新涉及多个领域的知识，面临更多的博弈和不确定因素，绿色创新比传统创新对知识的需求更为迫切，因此外部知识获取如何影响企业绿色创新成为亟须研究的问题。

关于绿色创新对企业绩效的影响，越来越多的学者采用案例研究和计量经济学的方法来探讨绿色实践与企业绩效间的关系，但研究结论存在不一致性。传统经济学观点指出，所有解决环境问题的做法都会增加企业的外部成本和额外支出，认为绿色创新追求环保型技术，因而具有更高的标准，会对企业长期的经济绩效产生消极的影响；波特假说和生态现代化理论认为，绿色创新会给企业带来商机，是企业在可持续发展背景下节约能源、提高生产效能和维持企业竞争优势的重要战略工具。此外，基于西方发达国家经济背景探讨绿色创新具有一定的情境性，研究结论未必适用于发展中国家。因此，关于绿色创新与企业经济绩效关系的研究需进一步讨论，且有必要结合我国的研究背景和情境进行更详细的探讨，这为本书的研究提供了新的问题情境。

鉴于此，本书试图以我国企业为研究对象，在可持续发展和开放式创新的背景下探究外部知识获取对绿色创新的促进作用，并检验绿色创新对企业环境绩效和企业经济绩效的影响。

三、绿色动态能力研究评述

通过梳理现有文献，绿色动态能力的相关研究存在以下不足：

以往学者对动态能力的研究较为丰富，但关于绿色动态能力的研究仍处于起步阶段。近期有部分学者开始关注绿色动态能力在促进绿色创新中的作用，也有研究关注绿色动态能力对提升企业绩效的影响，这些研究对理解绿色动态能力具有一定的参考价值，但现有文献在理论上对于如何有效发挥绿色动态能力的效用尚不明确，且目前研究多集中于对绿色动态能力直接作用的探讨上，这为本书厘清企业绿色动态能力在促进绿色创新和提升企业绩效的过程中所起到的边界作用提供了机会。

以往关于绿色创新对企业绩效的研究大多基于资源基础观和静态视角展开研究，难以解释企业如何在动态环境中取得竞争优势，鲜有研究将绿色动态能力作为情境因素来分析企业绿色创新和绩效提升的过程。为弥补已有研究的不足，本书试图基于动态能力理论将绿色动态能力引入"外部知识获取—绿色创新—企业绩效"的影响框架中，研究绿色动态能力在此过程中的权变作用。

已有研究在对动态能力的维度划分上还没有形成统一的标准，且国内大多数研究忽视了对绿色动态能力维度中的动态配置能力进行探讨，更鲜有研究者考察绿色动态配置能力对绿色创新和企业绩效的影响。另外，绿色动态能力的不同维度可能发挥不同的作用，因此绿色学习能力、绿色整合能力和绿色动态配置能力三个不同维度的影响效应有待进一步检验和比较。

鉴于此，本书结合动态能力理论和环境管理的相关文献，对绿色动态能力的定义加以明确，对绿色动态能力的维度进行合理划分，并进一步探明绿色学习能力、绿色整合能力和绿色动态配置能力三个不同维度在理论模型中的调节作用。

第八节　本章小结

本章阐述了本研究涉及的理论基础，包括资源基础理论和动态能力理论，其中，资源基础理论用以阐释外部知识获取通过绿色创新影响企业绩效的过程，动态能力理论用以解释绿色动态能力在外部知识获取影响企业绩效的过程中所起的调节作用；梳理了外部知识获取、绿色创新、企业绩效和绿色动态能力等主要变量的相关文献，在此基础上明确了外部知识获取、绿色创新、企业环境绩效和绿色动态能力的定义，将外部知识获取划分为技术知识获取和市场知识获取两个维度，将企业绩效划分为企业环境绩效和企业经济绩效两个维度，将绿色动态能力划分为绿色学习能力、绿色整合能力和绿色动态配置能力三个维度；回顾了变量间关系的相关研究，并对现有研究进行了评述，找到了对现有文献进行补充和完善的研究边界，明确了本书的核心问题：在开放式创新和可持续发展的双重背景下，外部知识获取能否通过绿色创新提升企业环境绩效和企业经济绩效。具体而言，主要包括以下三个子问题：①将技术知识获取和市场知识获取纳入同一框架，探讨两类外部知识获取对企业绩效（企业环境绩效和企业经济绩效）的影响。②以中国企业为研究对象，分析外部知识获取对绿色创新的促进作用、绿色创新对企业环境绩效和企业经济绩效的影响以及外部知识获取能否通过绿色创新提升企业绩效。③揭示企业绿色动态能力在外部知识获取影响企业绩效过程中发挥的作用，探明绿色动态能力三个维度（绿色学习能力、绿色整合能力和绿色动态配置能力）不同的影响效应。

第二章　理论模型的构建与研究假设的提出

在阐述相关理论和梳理相关文献的基础上，本章通过理论分析和演绎分析，结合资源基础理论和动态能力理论，构建整体理论模型，对理论模型中的直接效应、中介效应以及调节效应等进行理论推导，提出研究假设并进行汇总。

第一节　理论模型的构建

开放式创新强调外部知识获取是企业获取竞争优势的关键。越来越多的企业制定政策和流程，以此促进组织学习和外部知识的获取。开放式创新强调从外部获取知识和资源，鼓励企业将具有创造性的信息、知识和技能在企业的组织边界内、外部进行交流和互动。特别是随着产品生命周期越来越短，知识可能会迅速过时，从外部获取知识已成为企业知识管理的一个重要方面，这有助于理解外部知识获取对企业绩效的积极影响。随着学术界对知识的研究逐渐从企业内部知识拓展至外部知识，考察外部知识获取对企业绩效的影响及作用机理具有重要的理论意义和现实意义。

目前，关于外部知识的研究大多聚焦于或默认为技术知识，在这方面还存在一些有待解决的问题，如外部市场知识获取在提升企业绩效中的作用尚未证实，技术知识获取和市场知识获取对企业绩效的作用效果存在的差异尚不得而知。鉴于此，本书将技术知识获取和市场知识获取纳入同一框架，分析二者对企业绩效所发挥的作用。

关于企业绩效的维度，企业绩效可分为经济绩效和非经济绩效。其中，企业非经济绩效涉及多个方面，随着可持续发展理念深入人心，衡量企业的非经济绩效时，有必要关注企业在减少污染、节约资源等方面取得的成果，即企业环境绩效。企业既要追求财务利润增加，也要履行企业社会责任，提高资源与能源的使用效率，减少污染物的排放。企业环境绩效也代表其核心竞争力，有助于塑造品牌形象、维持其竞争优势。尽管现有研究解释了开放式创新对企业绩效的积极影响（Jugend et al.，2018），但大多研究更侧重企业的经济绩效，鲜有学者关注可持续发展背景下外部知识获取对企业环境绩效的影响，回答外部知识获取是否对企业环境绩效有积极的影响，而这些问题已成为当前亟须研究的课题之一。基于此，本书所讨论的企业绩效包括企业环境绩效和企业经济绩效。

事实上，外部知识获取有利于改善企业环境绩效。根据资源基础理论，企业的竞争优势来源于企业拥有的有价值的、稀有的、难以被替代和被模仿的资源，包括人力、物力和财力等资源以及企业的知识资源。从企业环境绩效来看，外部知识获取为企业改善环境绩效提供了必要的知识资源基础。由于旨在减少环境污染的环境管理比一般管理更复杂、投资成本更高，单纯依靠企业内部的资源和能力往往无法满足严格的环保要求，这就要求企业通过组织间关系从外部获取充足的知识和技能以实现环境管理并改善绩效。从外部获取先进和专业的技术知识有助于企业摆脱资源和技术方面的约束，将外部技术知识应用于生产和工艺改进，实现资源的节约、污染的减少和回收利用率的提高，从而改善环境绩效；从外部获取及时有效的市场知识有利于企业认识到公众的环保消费需求，在绿色趋势下更加关注环保问题，有意识地开展环境管理，将环境问题纳入企业的战略规划中，进而改善企业环境绩效。在企业经济绩效方面，企业在原有的先验知识基础上，通过有效地扫描、筛选和吸收外部知识，通过提高对内部知识的利用效率来增加企业利用知识进行生产活动所取得的边际收益，从而有利于提升企业经济绩效。企业通过组织间关系获得的外部知识和技能有助于增强核心竞争力，倘若企业不从其同伴关系中获取和吸收知识，将会错失重要的财富机会。例如，与下游经销商加强互动有助于企业了解消费者需求，设计出更符合市场需求的产品，对企业经济绩效产生积极的影响。基于以上分析，外部知识获取能够正向影响企业环境绩效和企业经济绩效。

利用资源基础理论分析外部知识获取影响绿色创新的逻辑在于：绿色创新是资源整合和优化配置的复杂过程，组织所拥有的异质性知识和资源有助于推动绿色创新的发展。基于资源基础理论，外部知识获取能使企业在选择和开展项目时有更高的自主性，有利于企业减少各部门或项目间的资源竞争，从而为顺利实行绿色创新提供有利的条件。反之，倘若缺乏外部知识获取，将不利于企业加快知识积累，在一定程度上增加企业自主研发进行绿色创新带来的风险性和不确定性（江旭等，2008）。因此，企业能否顺利实施绿色创新，取决于是否开展了有效的外部知识获取活动。对于技术知识获取，企业通过合作、联盟、购买等交流方式将来自政府、供应商、合作伙伴、高校研究所等外部机构的技术知识有序引入组织内部，通过知识的获取、共享、储存，逐步将其转化为内部知识。企业将外部先进技术和专业知识融入自己的知识结构，扩充知识存量，形成企业实施绿色创新的知识基础，提高企业绿色新产品的开发和生产能力，这对绿色研发活动和绿色创新具有重要作用。例如，企业与提供原料的上游供应商建立联系，有助于掌握每种原料的材料含量以及原料搭配隐性技术，减少其在产品和工艺创新方面对外部环境的依赖，更好地开发和创造绿色产品。在市场竞争中，竞争对手的创新理念、客户的绿色消费意识会激发企业持续不断地创新，并通过加强企业内部共享提高绿色创新能力，为更好地实现绿色创新提供了合理性；同时，市场知识获取使企业有更多机会了解行业市场情况，有助于赢得市场竞争优势和资源，及时获得和把握市场机遇，为企业顺利开展绿色创新提供支持。

关于绿色创新对企业绩效的影响，波特假说和生态现代化理论认为绿色创新给企业带来了商机。绿色创新能够用更加环保的产品替代现有的产品，产生环境溢出效应，从而减少对环境的负向影响。进一步地，高水平的环境绩效会带来更低的污染处理费和惩罚成本，树立企业绿色品牌形象，实施产品多样性，满足环保主义客户的市场需求。因此，绿色创新既能促进企业改善环境绩效，又有利于提升企业经济绩效，成为企业解决环境问题并提高企业经济绩效的一种重要战略工具。综合以上分析，本书提出外部知识获取通过绿色创新改善企业环境绩效和企业经济绩效，进而建立“外部知识获取—

绿色创新—企业绩效”的基本研究框架。

我国目前正处于经济转型的攻坚阶段，市场环境的快速变化是这一时期的重要特征，如何适应日趋多变的市场环境成为企业维持竞争优势必须考虑的问题。鉴于此，在研究“外部知识获取—绿色创新—企业绩效”关系时，有必要从动态能力的视角考察绿色动态能力所起的调节作用，但相关研究还比较缺乏。事实上，在动荡的环境中，培育企业动态能力有利于实现其经营能力转型和管理体系变革，进而适应不断变化的环境并获得持续竞争优势。特别是随着可持续发展理念的不断深入，承载环境管理理念的绿色动态能力的重要性日益突出。本书将环境管理理念融入动态能力的概念中，形成绿色动态能力概念，并将绿色动态能力界定为企业在环境管理方面所体现出的组织学习能力、内外资源整合和动态配置资源的综合性能力，可用来应对行业环境的不断变化。基于本书的研究目的，需要对绿色动态能力进行更为具体和更具可操作性的研究，因此主要沿用 Teece 等（1997）和 Teece（2007）的划分方法，从微观基础角度对绿色动态能力作进一步划分，动态能力维度中的整合和配置维度得到多数学者的认同，但动态能力是否包含感知维度在当前战略管理研究领域还备受争议。由于本书重点考察的是绿色动态能力在外部知识获取转化过程中发挥的作用，认为绿色学习能力比感知能力更能影响企业对外部知识资源的转化和应用，因此最终将绿色动态能力划分为绿色学习能力、绿色整合能力和绿色动态配置能力三个维度。

动态能力理论认为，企业构建动态能力，将有助于其应对外部环境不断变化带来的挑战。有研究表明，企业独自开发知识的过程既复杂又低效，因而需要持续不断地吸收外部知识并将其整合到业务流程中（Liao & Marsillac, 2015）。外部知识获取为绿色创新提供了知识来源，增强了企业知识基础的多样性，但绿色创新的实现不仅依赖丰富的知识储备，而且需要根据外部环境的动态性和不确定性不断调整企业对环保知识资源的识别、提取和分享；不仅依靠自身内部知识资源的支持，还需要对环保知识进行吸收和内化，并在此基础上重新部署企业内部和外部的绿色资源，及时响应客户在环保方面消费需求的变化。这就要求企业开发绿色动态能力，即绿色学习能力、绿色整合能力和绿色动态配置能力，摆脱企业原有的路径依赖和组织惰性，更新和发展企业用于适应环境的知识基础，进而积极响应快速变化的外部环境，提高外部知识获取向绿色创新的转化效率。其中，绿色学习能力可增强企业对环保知识的识别、提取和分享，有助于企业汲取更有利的环保知识，从而更加自如地应对绿色创新的挑战；绿色整合能力有助于企业将从外部获取的专业知识和技能吸收并内化于绿色产品的生产和运营流程中，促使企业将外部相关环保知识纳入日常工作，有利于外部知识获取有效转化为绿色创新；绿色动态配置能力有利于企业更好地部署和配置环境资源，有利于企业在从外部获取新知识的基础上不断改善现有的资源库，在复杂多变的环境中保持资源库的动态优化，促进外部知识获取向绿色创新的有效转化。因此，绿色动态能力（包括绿色学习能力、绿色整合能力和绿色动态配置能力）作为企业洞察环保机会、配置环保资源和优化组织结构等的综合能力，能够使企业在应对外界快速变化的环境和市场竞争形势时更具有前瞻性，提高外部知识获取向绿色创新的转化效率，进而强化企业外部知识获取对绿色创新的促进作用。

关于动态能力在“外部知识获取—绿色创新—企业绩效”框架中发挥的作用，已有学者发现动态能力对企业绩效具有正向影响（Zollo & Winter, 2002），但在实践中动态能力并不总是对企业绩效产生正向影响（Zahra et al., 2006）。例如，动态能力有时会导致企业财务绩效降低（Zahra et al., 2006），为维持动态能力所需的高额成本也会导致企业财务绩效降低。从这个角度来看，绿色动态能力对“绿色创新—企业绩效”关系的影响受多种因素制约，相对来说，绿色动态能力在“外部知识获取—绿色创新”关系间发挥的调节作用更为突出。此外，在开放式创新背景下，绿色动态能力作为一种高阶能力对知识资源（低阶能力）发挥着至关重要的作用，因此，从知识管理的视角出发，企业应更加关注绿色学习能力、绿色整合能力和绿色动态配置能力对知识资源转化效率的影响。综合以上分析，在“外部知识获取—绿色创新—企业绩效”的研究框架中，本书侧重考察绿色动态能力在“外部知识获取—绿色创新”关系中所发挥的调节作用。

基于资源基础理论和动态能力理论，建立初始理论模型，如图 2－1 所示。在该理论模型中，本书将外部知识获取的两个维度（技术知识获取和市场知识获取）作为自变量，企业绩效的两个维度（企业环境绩效和企业经济绩效）作为因变量，探讨外部知识获取对企业绩效的直接影响；将绿色创新作为中介变量，厘清绿色创新在外部知识获取影响企业绩效过程中的中介效应；引入绿色动态能力的三个维度（绿色学习能力、绿色整合能力和绿色动态配置能力）作为外部知识获取与绿色创新关系的调节变量，揭示绿色动态能力在外部知识获取影响绿色创新过程中的调节效应，以及外部知识获取影响企业绩效的间接过程中的有调节的中介效应。

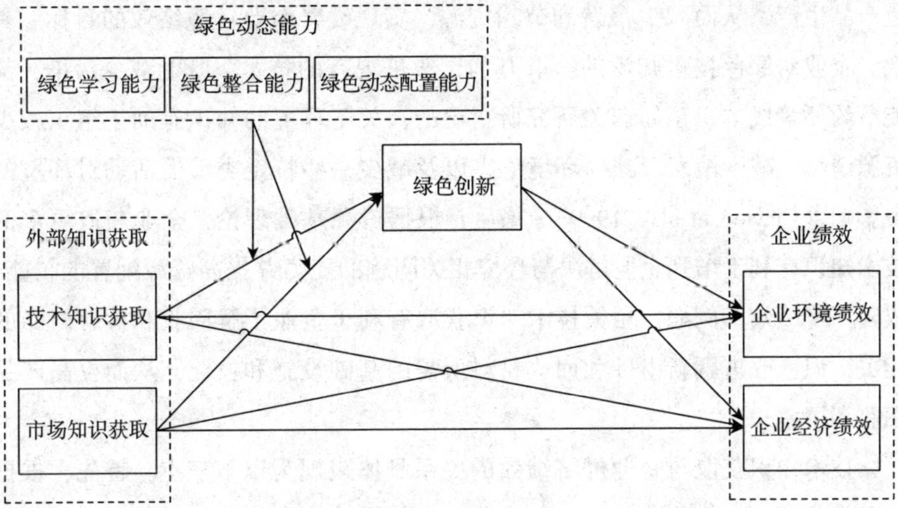

图 2－1　理论模型

第二节　研究假设的提出

一、外部知识获取与企业绩效

根据资源基础理论，企业的知识资源是企业创造竞争优势和提高绩效的重要基础。在知识经济时代，知识资源成为企业保持竞争优势最有价值的资源。

（一）技术知识获取与企业绩效

技术知识获取要求企业从外部环境中获取有关工程、制造、生产工艺等的技术知识。以下将从企业环境绩效和企业经济绩效两个方面阐述技术知识获取对企业绩效的影响。

技术知识获取对企业环境绩效的影响具体表现为以下三点：首先，学习和发展专业技术是企业实现卓越的重要因素。企业通过从外部其他机构获取相关知识不断更新、替代和升级原有技术，并应用于企业绿色工艺设计和绿色产品生产，从而减少浪费和节约资源，实现改善企业环境绩效的目标。其次，企业对绿色技术知识的获取有利于改进现有的技术，既能减少污染，又能节约环境成本。正如有关研究所指出的，关于环境的知识有助于组织减少资源消耗、减少浪费、减少环境危害以及减少一些特定类型的活动对环境的负影响（Clayton et al.，1999）。最后，根据资源基础理论，企业获取更多的技术知识有利于增强企业解决与环境相关问题的能力并提高资源配置的技能，改善环境绩效。例如，相关技术知识获取有利于企业了解回收和拆解产品的相关知识，改进翻新组件和回收材料所需的基础设施和技能，从而提高产品回收利用率。

技术知识获取与企业经济绩效的关系具体表现为以下三点：首先，根据资源基础理论，企业通过其他组织获取技术知识，将外部知识融入自己的内部知识结构，更新企业的知识资源组合，丰富企业应对特定创新挑战的解决方案（Dahlander et al.，2016）。从这方面来看，技术知识获取有助于激发企业将内部知识转化为新知识，提高企业开发新产品的能力（Hunt & Davis，2012），从而促进企业绩效的提升。例如，服装制造商通过向不同面料供应商获取技术知识，掌握每种面料的主材料含量以及这些面料选择与运用技能，有助于企业更好地设计和生产服装。其次，技术知识获取有利于企业克服自身组织惰性并积极寻求新产品开发。有研究指出，获取技术知识在企业创业开发过程中非常重要，尤其是在企业生产创新产品和早期销售阶段（Sullivan &

Marvel, 2011)。例如，在IT行业，硬件公司经常从软件供应商处获得技术知识，将有助于其主动了解复杂的软件代码并设计出新的硬件产品。寻求新产品开发，不仅有利于扩大市场份额，还有利于企业实现新的技术突破、成功开辟新项目，降低经营风险。最后，有研究表明，企业对技术知识的了解有助于企业针对现有问题提出新的解决方案，增加企业发现和利用新机会的潜力（Shane，2000；Wiklund & Shepherd，2003），从而获得潜在的竞争优势。此外，加强技术知识获取可使企业获得技术创新和品牌进化的知识源，促使企业对动态环境中的竞争、客户需求和技术的变化做到快速响应和及时更新（Ortiz et al.，2018），有助于企业增加利润、提升企业经济绩效。综合以上分析，提出以下假设：

H1-1：技术知识获取对企业环境绩效具有正向影响。

H1-2：技术知识获取对企业经济绩效具有正向影响。

（二）市场知识获取与企业绩效

市场知识获取要求企业从市场中获取与顾客需求及竞争者动向相关的知识。本节将从企业环境绩效和企业经济绩效两个方面阐述市场知识获取对企业绩效的影响。

市场知识获取对企业环境绩效的影响具体表现为以下三点：首先，随着公众环保意识的增强，企业对市场知识的获取有助于引导企业关注环保问题，激发企业改善生态环境的意愿。市场知识获取可引导企业有意识地进军绿色市场并重视环境管理，进而提升企业环境绩效。其次，根据资源基础理论，前沿的市场信息有助于企业及时更新决策知识库，增加环境政策的产出，提高环境政策的可实施性和可操作性（Fazey et al.，2013；Ulibarri，2015）。有研究表明，缺乏特定的知识可能会影响企业环境管理体系的实施（Martinez et al.，2013），知识获取有助于企业将环保目标纳入其经营管理中（王雪原和马维睿，2018）。最后，市场信息中的绿色标准知识有助于企业掌握准确的绿色要求，切实结合自身实际安排生产和运营计划，保障企业经营过程中各项活动、环节遵守国家、行业的标准和要求，在此基础上实现重点突破和攻关，形成绿色创新成果，进而提高企业环境绩效。

市场知识获取与企业经济绩效的关系具体表现为以下三点：首先，市场知识与企业现有知识的结合能够发挥重要的作用。分销商、供应商和零售商等合作伙伴的外部知识流入为企业提供了优质的客户信息和市场知识，并通过与企业内部知识的共享和整合，提高解决顾客问题的能力。有研究指出，企业从合作伙伴处获取的市场知识有利于企业增强现有产品的核心竞争力，并激励企业形成特定技能（Liao，2016）。也就是说，企业不仅可以利用内部资源，还可以通过与合作伙伴的联盟获取外部知识，从而克服自身的资源限制并实现卓越的绩效。其次，市场的不断变化是机会的源泉（Shane，2000），这是因为企业获得有关市场需求的知识之后，能够提高其有效利用机会、吸引初始客户并产生经济价值的能力（Sullivan & Marvel，2011）。根据资源基础理论，企业从外部获取市场知识能够弥补其闭门造车带来的缺陷（如缺乏探索和开发新资源的机会）。最后，从经营理念上看，企业获取的外部市场知识深化了企业对环境保护的理解和认知，促进企业基于环境保护和可持续发展理念进行生产、流程和技术的改进，帮助企业生产出差异化产品、塑造绿色形象、占有市场份额并获得额外利润。综合以上分析，提出以下假设：

H1-3：市场知识获取对企业环境绩效有正向影响。

H1-4：市场知识获取对企业经济绩效有正向影响。

二、外部知识获取与绿色创新

根据知识性质的不同，可将外部知识获取分为技术知识获取和市场知识获取。绿色创新既要实现企业的经济目标，还要通过减少环境污染满足环境保护的目标。与一般创新相比，绿色创新通常需要更多的知识投资（Liao，2016）和更广泛的外部资源，仅仅依靠企业内部研发难以有效地实现绿色创新。企业通过客户、供应商和大学等外部机构获取更多的知识资源，拓宽原有知识的广度和深度，为企业实施绿色创新提供必要的资源和专业知识。有研究证实，缺乏知识（包括环境知识和非环境知识）是企业解决环境问题的一个重要障碍（Rothenberg & Becker，2004；Worthington & Patton，2005），因而企业只有具备可靠和有用的知识信息（Simpson et al.，2004），才能为解决绿色创新过程中遇到的问题提供新方法；也有研究表明，企业从不同来源获取知识、接收更多的信息以及构建高效的知识网络，将有利于企业做出更高水平的环境承诺（Roy & Thérin，2008）；还有研究发现，外部知识获取与创新积极相关（Yam et al.，2011）。本节将从技术知识获取和市场知识获取两个维度阐述外部知识获取对绿色创新的影响。

（一）技术知识获取与绿色创新

企业采取有效的技术知识获取手段，对绿色创新的影响更显著，具体表现在以下三个方面：

（1）技术知识获取为企业绿色创新奠定了坚实的知识资源基础。技术资产通过提高组织的知识能力成为企业创新的来源（Sciences，2018），鉴于环保产品的设计与生产具有较高的复杂性和难度，绿色创新比传统创新更加复杂、更具不确定性，对企业知识基础的要求也较高。即使是技术力量雄厚的企业，也难以通过自身研发出绿色创新所需的全部知识（马媛等，2016），这就需要企业通过与客户、供应商、大学和研究机构等广泛合作，以获得足够的技术知识，更新原有知识基础，使企业的知识储备多样化（Liao，2018），对现有的知识基础进行补充。这种互补正是支撑企业绿色创新顺利实施的基础（Muscio et al.，2017），可为企业实施绿色创新提供有力支撑。

（2）技术知识获取有助于企业识别和利用绿色创新机会。Sullivan 和 Marvel（2011）基于知识基础观和社会网络理论的研究发现，技术知识获取与企业开发产品/服务的创新性密切相关。企业外部技术知识的获取能扩大现有知识的应用范围，促进新产品/现有产品/服务的流程、成本和功能的优化，从而避免绿色创新过程中固有的高风险和复杂性所带来的阻碍，有助于提高企业绿色创新的效率，对绿色创新具有积极的影响。

（3）技术知识获取有利于提高企业绿色创新能力。技术知识获取能促进绿色创新所需的内部知识进行转移和互动，并在此过程中产生技术突破（Shane，2000），为企业绿色创新提供良好的技术条件。从资源的角度来看，技术知识获取能使企业获取更多的资源，充足的资源有助于企业发掘更多机会实践绿色创新探索和尝试，进而促进企业绿色创新（张钢和张小军，

2014）。此外，根据资源基础理论，技术知识获取要求企业重视新资源和开发已有资源的新用途，通过提高资源配置的机敏性和灵活性应对可能存在的资源有限、知识和能力水平低等问题，提升企业绿色创新能力。据此，提出以下假设：

H2-1：技术知识获取对绿色创新有正向影响。

（二）市场知识获取与绿色创新

处于新兴经济背景下的我国企业面临的市场环境具有节奏快、动态性高和破坏性强的特点，企业要实行绿色创新需要能及时响应市场的需求。市场知识获取是一种外部整合机制，有助于企业将信息搜索的范围扩大到现有客户或市场之外（Zhou & Bingxin，2012），因此，市场知识获取可能会积极影响绿色创新，具体从以下三个方面来解释：

（1）市场知识获取有利于企业在绿色市场中发挥先动优势。市场具有开放、变幻莫测、信息不对称等特征，尤其是特定市场（如环保市场）的风险更高，企业需要尽可能多地获得目标市场上的信息（Wach & Glodowska，2018）。因此，依据资源基础理论，最新的市场趋势信息不仅能使企业对外部环境和市场需求的变化作出快速反应（Liao，2018），而且可能成为环保新产品和服务的重要信息来源，加快绿色产品的研发速度和绿色商业化进程（Il et al.，2009），从而发挥企业在绿色市场中的先动优势，有利于企业绿色创新的顺利实施。

（2）市场知识获取有助于企业发现和识别绿色创新机会。市场知识反映了企业的潜在客户、营销渠道等相关业务知识，是企业确定和开发新机会的必要条件（Shane，2000）。这是因为客户往往难以阐明自己的需求，企业必须主动了解客户的一些隐性需求，才能识别和洞察客户的偏好（Ortiz et al.,2018）。从这个角度讲，通过市场知识获取，企业可以了解客户的疑惑和需求，准确掌握市场和客户的信息，提高企业对市场不均衡的认知，这不仅会促使企业捕捉和获取创业机会（Ortiz et al.，2018，Sheherd & Detienne，2005），而且是企业发现和识别绿色创新机会的重要源泉，对实施绿色创新有积极的影响。

(3) 市场知识获取有利于绿色创新效率的改善。市场知识获取能够降低绿色创新的不确定性（Liao，2018），有助于激发企业实施绿色创新的意愿；进一步地，市场知识获取有助于企业采取有效的生产和销售方案（Danneels，2002），提升企业有效利用绿色创新机会的潜力，进而对提高绿色创新效率产生积极的影响。有的学者指出，市场知识为企业注入来自新兴市场的新信息，为激进式创新提供了新思路（Laursen & Salter，2006），从而对绿色创新产生积极的影响。据此，提出以下假设：

H2-2：市场知识获取对绿色创新有正向影响。

三、绿色创新与企业绩效

波特假说指出，绿色创新可以提高资源生产率和产品价值，抵消环境投资的成本，最终不会削弱反而会增强企业竞争力（Porter & Van，1995）。绿色创新通过改进产品或流程，实现那些能减少环境负担的创新想法，同时提高企业经济绩效，成为企业实现“低污染—高绩效”状态的一种重要方式。

（一）绿色创新与企业环境绩效

绿色创新对企业环境绩效的影响可以从以下三个方面分析：

(1) 从绿色创新的内涵来看，绿色创新或生态创新涵盖与节能、污染预防、废物回收和生态设计有关的环境问题（Chang，2011；Chiou et al.，2011；Cai & Zhou，2014），已成为很多企业减轻环境影响和实现可持续发展的重要战略工具（Chiou et al.，2011；Chen，2008）。

(2) 从绿色创新的战略目标来看，绿色创新有两个战略目标：一个是减轻污染生产者或资源使用者对环境的影响，另一个是减少那些会对环境产生负向影响的资源的使用。例如，绿色创新将大大减少排放到环境中的有害污染物的总数量；绿色工艺创新要求企业降低清洁生产成本和污染物排放量，以满足环境法规的要求（Dong et al.，2014）。因此，绿色创新的发展和传播可以被视为一种以成本效益的方式实现环境目标的途径。

(3) 从实施绿色创新的过程来看，绿色创新意味着企业要通过绿色产品和工艺修改现有产品设计，减少产品生命周期任何阶段对环境的负面影响

(Chen et al., 2006; Chiou et al., 2011)。绿色产品和工艺对自然环境的危害比传统的产品和工艺要小(Zhu et al., 2012; Zhu & Sarris, 2004),有助于改善企业环境绩效,因此,企业可以用更加环保的产品和工艺替代现有的产品和工艺,产生环境溢出并减少对环境的负向影响(Cai & Li, 2018)。据此,提出以下假设:

H3-1:绿色创新对企业环境绩效有正向影响。

(二)绿色创新与企业经济绩效

多数研究表明,绿色创新投资能带来积极的经济效益(Chen, 2008; Przychodzen & Przychoden, 2015)。绿色创新是一种绿色管理活动,旨在通过绿色实践提高企业的竞争力和盈利能力(Banerjee, 2002; Pane et al., 2009)。随着环境问题的日益严峻,企业可以采取积极的绿色创新战略,将企业经济效益目标与生态环保目标相结合(Chen et al., 2006; Bergendahl et al., 2018)。生态现代化理论强调,生态问题是增强企业竞争优势的手段,企业可以将绿色创新或生态创新视为商机(Zhu et al., 2012)。有研究指出,绿色创新能够给企业提升经营业绩和竞争优势带来巨大的利益(Chang, 2011; Zhu et al., 2012)。绿色创新对企业经济绩效的影响表现在以下两个方面:

(1)从收益角度来看,绿色产品创新能够使企业满足市场和政府的环境需要,提高企业在产品生命周期中实现环境效益优化所必需的资源效率;企业可以通过将绿色理念融入其产品设计和包装、提高产品质量、增加与产品相关的差异化优势等方式增加利润(Chen et al., 2006; Chen, 2008);企业可以凭借环保领先者的优势对绿色产品收取相对较高的价格;企业可以通过绿色创新履行社会责任,承担消费者预期的社会角色,树立企业绿色品牌形象,提高企业声誉(Chen, 2008)。

(2)从成本角度来看,企业可以通过绿色创新降低能源消耗、实现材料再利用以及重新定义运营和生产过程,最终降低生产成本(Zhu & Sarkis, 2004);企业可以通过绿色创新减少生产浪费和提高生产率,最终实现成本的节约(Chiou et al., 2011);企业可以通过绿色创新用相对较低的成本满足政府和环保部门等监管机构严格的环保标准和要求,减少被处罚或停止运营的风险，进而降低环境成本（Cai & Zhou，2014）。据此，提出以下假设：

H3-2：绿色创新对企业经济绩效有正向影响。

四、绿色创新的中介作用

外部知识获取对企业实施绿色创新有促进作用。在可持续发展背景下，从广泛的外部来源获取和吸收新知识对企业绿色创新有积极的影响。通过绿色创新来改进产品或流程，有助于企业在减少环境负担的同时提高企业经济绩效，达到“低污染—高绩效”的双赢状态。由此可见，绿色创新在外部知识获取和企业绩效之间起着中介作用。

外部知识获取是企业识别外部环境并从中获得知识的过程，企业可通过外包研发、收购和吸引研发人才等方式来挖掘外部的知识资源（Granstrand et al.，1992）。外部技术知识不断流入企业，实现知识共享，同时对已有知识基础起到补充作用，增强企业知识储备的多样性，有助于企业在生产、流程和经营等多方面对环境进行整合，成为支持企业顺利实现产品、工艺和管理方面的绿色创新的基础；通过外部市场知识可以获得前沿的市场信息，开阔企业视野，降低绿色创新的不确定性，这不仅有助于激发企业绿色创新的意愿，还有助于提升绿色创新的效率。

可见，外部知识获取能够推动绿色创新的发展，意味着企业能用更加环保的产品和工艺替代传统的产品和工艺，有利于减少对环境的负向影响，提高企业的环境绩效。同时，企业从生产、流程和经营等多方面对环境进行整合，不仅有助于通过差异化优势、提高内部收益率和树立品牌形象等方式提高企业收益，还有助于企业通过降低能源消耗、减少浪费和避免处罚费用等方式降低成本，即提高企业经济绩效。可见，绿色创新在技术知识获取和市场知识获取的支持下改善了企业环境绩效和企业经济绩效，企业从外部获取的技术知识和市场知识越丰富，越有利于绿色创新的顺利实施。进一步地，企业在改善企业环境绩效和企业经济绩效方面更占有优势。综合以上讨论，外部知识获取能够通过促进绿色创新提升企业绩效。换言之，绿色创新能够作为外部知识获取与企业绩效间的中介变量。据此，提出以下假设：

H4-1：绿色创新在技术知识获取与企业环境绩效关系间起中介作用。

H4-2：绿色创新在技术知识获取与企业经济绩效关系间起中介作用。

H4-3：绿色创新在市场知识获取与企业环境绩效关系间起中介作用。

H4-4：绿色创新在市场知识获取与企业经济绩效关系间起中介作用。

五、绿色动态能力的调节作用

根据动态能力理论，企业绿色动态能力在绿色创新过程中具有积极的影响。正如有研究指出，环境倡议中发展的动态能力对绿色创新至关重要（Chen，2008；Garronski et al.，2011）。由于绿色创新所固有的不可预测性，企业积累的“静态”资源（如技术资产和专业人才的存量）不足以确保在不断变化的环境中实现绿色创新（Teece et al.，2007；Teece，2007）。绿色动态能力包括绿色学习能力、绿色整合能力和绿色动态配置能力。本书运用动态能力理论，分析绿色动态能力在外部知识获取影响企业绿色创新中的调节作用，认为企业不同的绿色动态能力可以解释在相同程度的外部知识获取情况下企业环境绩效和企业经济绩效存在差异的原因。

绿色学习能力可能强化外部知识获取对绿色创新的影响。企业学习是指通过重复和审查使其运营更加有效和高效的过程（Lin & Wu，2014）。本书中，绿色学习能力强调企业在获取知识过程中对环保的识别、提取和分享。绿色学习能力在外部知识获取与绿色创新的关系中的调节作用体现在两个方面，分别是绿色学习能力正向调节技术知识获取与绿色创新之间的关系、绿色学习能力正向调节市场知识获取与绿色创新之间的关系。

在技术知识获取对绿色创新的影响中，绿色学习能力可能正向调节技术知识获取对绿色创新的影响。从外部获得的技术知识可以增强企业知识储备的多样性，补充企业已有的基础知识。企业从外部获取的知识，既包括环境技术知识，也包括非环境技术知识，绿色学习能力越强的企业越有可能从外界识别和提取到稀缺和有价值的绿色技术知识，越有利于企业通过补充现有资产将现有产品/服务绿色化，从而使技术知识获取对绿色创新的积极影响越有效。此外，绿色学习能力还强调了企业对环保知识的分享，绿色学习能力较强的企业更擅长在组织内部对环保知识进行宣传和普及，更有利于企业突破惯例的束缚、冲破路径依赖、改进企业传统的业务范围，从而更加自如地应对绿色创新的挑战，并利用技术知识获取促进绿色创新。

在市场知识获取对绿色创新的影响中，绿色学习能力通过识别、提取和分享更有利的环保知识来调节市场知识获取对企业绿色创新的影响。绿色学习能力较强的企业更擅长从诸多市场信息中识别和提取有效的绿色市场知识，有助于企业正确理解客户的绿色偏好和绿色消费需求。此外，通过在企业内部分享绿色市场知识，企业各个部门可以在拓展已有知识的基础上加强对绿色市场知识的关注。丰富的绿色市场知识能使企业识别有效的分销渠道，探索更多的绿色市场机会，为企业绿色创新提供有利的条件，促进市场知识向绿色创新有效转化。据此，提出以下假设：

H5-1：绿色学习能力正向调节技术知识获取与绿色创新之间的关系。

H5-2：绿色学习能力正向调节市场知识获取与绿色创新之间的关系。

绿色整合能力强调企业对外部获得知识的吸收和内化。有研究认为，企业在外部知识获取的基础上对内、外部知识进行整合和应用的过程对实现组织创新和提升竞争优势有十分重要的意义（Zahra & George，2002）。绿色整合能力较强的企业能够有效吸收外部的绿色资源和绿色技术，并将其内化到企业内部生产流程中，在绿色流程和绿色工艺之间保持共通性和互补性。企业的绿色整合能力在外部知识获取与绿色创新的关系中的调节作用体现在两个方面，分别是绿色整合能力正向调节技术知识获取与绿色创新之间的关系、绿色整合能力正向调节市场知识获取与绿色创新之间的关系。

从技术知识获取角度来看，绿色整合能力可能正向调节技术知识获取对企业绿色创新的影响。绿色整合能力强的企业能够快速吸收外部环境的绿色技术知识，与内部原有知识进行匹配和有效整合，将其内化为新的环保知识体系。一方面，企业所吸收的外部环保知识与原有内部知识的有机融合促进了内、外部专业知识和技能的转移和互动，有利于激发更多绿色产品或流程，推动外部知识获取有效转化为绿色创新。另一方面，外部环保知识的吸收和内化可以避免企业陷入对原有技术知识的路径依赖，有利于企业及时更新和调整产品工艺和生产流程，促进企业在外部知识获取的基础上有效实施绿色创新。

从市场知识获取角度来看，绿色整合能力通过对绿色市场知识的吸收和内化正向调节市场知识获取对企业绿色创新的影响。市场知识获取为企业提供了不同来源的知识和信息，企业从外部获取市场知识能够增强企业发现新机会的潜力，提升企业的创新能力。在此过程中，较强的绿色整合能力促使企业将环保知识吸收和内化，使企业对与环保相关的市场和客户信息作出更准确的判断，不仅成为绿色创新产品/服务的重要来源，也有利于企业将新的绿色产品推向市场，减少绿色创新失败的风险。反之，如果企业绿色整合能力较低，外部市场知识与内部知识难以形成有效互补，环保知识和信息难以融入企业的生产流程和新产品开发中，从而阻碍绿色创新的进程。据此，提出以下假设：

H5-3：绿色整合能力正向调节技术知识获取与绿色创新之间的关系。

H5-4：绿色整合能力正向调节市场知识获取与绿色创新之间的关系。

企业的绿色动态配置能力是企业通过对环境进行扫描和预测、对绿色资源进行动态部署从而改造环保实践的能力，反映了企业对组织技能和资源重新部署的能力。企业的绿色动态配置能力在外部知识获取与绿色创新的关系中的调节作用体现在两个方面，分别是绿色动态配置能力正向调节技术知识获取与绿色创新之间的关系、绿色动态配置能力正向调节市场知识获取与绿色创新之间的关系。

从技术知识获取角度来看，绿色动态配置能力通过改善企业现有资源调节技术知识对绿色创新的影响。企业从外部获取新技术，可以补充或开发企业已有资源，高水平的绿色动态配置能力会促使企业将绿色技术和资源纳入生产运营活动，以便企业有效开展绿色实践，进行绿色创新；同时，绿色动态配置能力有助于企业在从外部获取新知识的基础上不断改进现有的资源库，在复杂多变的环境中保持资源库的动态优化。这有助于缓解企业绿色创新过程中可能存在的资源有限、知识和技术水平较低的问题，为企业解决绿色创新过程中的问题提供更多的解决方案，保证绿色创新的顺利实施。因此，绿色动态配置能力有利于强化企业技术知识获取对绿色创新的积极影响。

从市场知识获取角度来看，绿色动态配置能力通过提高企业解决问题的能力来调节知识对绿色创新的影响。企业从外部获取市场知识有助于企业准确地了解外部市场中消费者需求和竞争者行为的变化，发现已有产品和服务存在的问题，解决固有问题并催生出全新的想法和创意。然而，企业能否更好地重新部署资源和创造新机会，则取决于绿色动态配置能力的水平。企业重新配置集体知识和资源的能力有利于其对环境问题作出反应（Huang & Li，2017）、抵御新出现的威胁、把握新机遇，进一步克服企业进行绿色创新时可能遇到的不确定性，有利于绿色创新的顺利实现。据此，提出以下假设：

H5-5：绿色动态配置能力正向调节技术知识获取与绿色创新之间的关系。

H5-6：绿色动态配置能力正向调节市场知识获取与绿色创新之间的关系。

综合以上分析，绿色创新在技术知识获取与企业环境绩效、企业经济绩效之间起着中介作用，在市场知识获取与企业环境绩效、企业经济绩效之间起着中介作用，且绿色学习能力能够强化技术知识获取和市场知识获取对企业绿色创新的积极影响。根据这些假设，可以进一步得出结论：绿色学习能力越强，企业技术知识获取通过绿色创新对企业环境绩效、企业经济绩效所产生的正向影响越强，即绿色学习能力越强，绿色创新在技术知识获取与企业环境绩效、企业经济绩效之间所起的中介作用越强；同时，绿色学习能力越强，企业市场知识获取通过绿色创新对企业环境绩效、企业经济绩效所产生的正向影响越强，即绿色学习能力越强，绿色创新在市场知识获取与企业环境绩效、企业经济绩效之间所起的中介作用越强。据此，提出以下假设：

H6-1：绿色学习能力能强化绿色创新在技术知识获取与企业环境绩效之间的中介效应。

H6-2：绿色学习能力能强化绿色创新在技术知识获取与企业经济绩效之间的中介作用。

H6-3：绿色学习能力能加强绿色创新在市场知识获取与企业环境绩效之间的中介效应。

H6-4：绿色学习能力能加强绿色创新在市场知识获取与企业经济绩效之间的中介作用。

绿色创新在技术知识获取与企业环境绩效、企业经济绩效之间起着中介作用，在市场知识获取与企业环境绩效、企业经济绩效之间起着中介作用，且绿色整合能力能够强化技术知识获取和市场知识获取对企业绿色创新的积极影响。根据以上假设，可以进一步得出结论：绿色整合能力越强，企业技术知识获取通过绿色创新对企业环境绩效、企业经济绩效的正向影响越强，即绿色整合能力越强，绿色创新在技术知识获取与企业环境绩效、企业经济绩效之间所起的中介作用越强；同时，绿色整合能力越强，企业市场知识获取通过绿色创新对企业环境绩效、企业经济绩效所产生的正向影响越强，即绿色整合能力越强，绿色创新在市场知识获取与企业环境绩效、企业经济绩效之间所起的中介作用越强。据此，提出以下假设：

H6-5：绿色整合能力能强化绿色创新在技术知识获取与企业环境绩效之间的中介效应。

H6-6：绿色整合能力能强化绿色创新在技术知识获取与企业经济绩效之间的中介作用。

H6-7：绿色整合能力能加强绿色创新在市场知识获取与企业环境绩效之间的中介效应。

H6-8：绿色整合能力能加强绿色创新在市场知识获取与企业经济绩效之间的中介作用。

绿色创新在技术知识获取与企业环境绩效、企业经济绩效之间起着中介作用，在市场知识获取与企业环境绩效、企业经济绩效之间起着中介作用，且绿色动态配置能力能够强化技术知识获取和市场知识获取对企业绿色创新的积极影响。根据以上假设，可以进一步得出结论：绿色动态配置能力越强，企业技术知识获取通过绿色创新对企业环境绩效、企业经济绩效所产生的正向影响越强，即绿色动态配置能力越强，绿色创新在技术知识获取与企业环境绩效、企业经济绩效之间所起的中介作用越强；同时绿色动态配置能力越强，企业市场知识获取通过绿色创新对企业环境绩效、企业经济绩效所产生的正向影响越强，即绿色动态配置能力越强，绿色创新在市场知识获取与企业环境绩效、企业经济绩效之间所起的中介作用越强。据此，提出以下假设：

H6-9：绿色动态配置能力能强化绿色创新在技术知识获取与企业环境绩效之间的中介效应。

H6-10：绿色动态配置能力能强化绿色创新在技术知识获取与企业经济绩效之间的中介作用。

H6-11：绿色动态配置能力能加强绿色创新在市场知识获取与企业环境绩效之间的中介效应。

H6-12：绿色动态配置能力能加强绿色创新在市场知识获取与企业经济绩效之间的中介作用。

第三节　本章小结

本章在开放式创新和可持续发展的双重背景下，构建"外部知识获取—绿色创新—企业绩效"的理论模型，阐述外部知识获取对企业绩效的直接影响，在理论模型中引入绿色创新作为中介变量、绿色动态能力作为调节变量；通过资源基础理论和动态能力理论，运用逻辑推演等方法解析变量之间的影响机理与作用关系，其中，资源基础理论解释了外部知识获取与绿色创新的直接关系、外部知识获取与企业绩效的直接关系、绿色创新与企业绩效的直接关系，以及绿色创新在外部知识获取与企业绩效之间所起的中介作用；动态能力理论解释了绿色动态能力在外部知识获取与绿色创新之间所起的调节作用、在外部知识获取通过绿色创新间接影响企业绩效过程中所起的调节作用。在此基础上，提出了相应的研究假设并进行汇总（见表2－1）。

表 2 – 1　研究假设汇总

假设	假设内容
H1-1	技术知识获取对企业环境绩效具有正向影响
H1-2	技术知识获取对企业经济绩效具有正向影响
H1-3	市场知识获取对企业环境绩效有正向影响
H1-4	市场知识获取对企业经济绩效有正向影响
H2-1	技术知识获取对绿色创新有正向影响
H2-2	市场知识获取对绿色创新有正向影响
H3-1	绿色创新对企业环境绩效有正向影响
H3-2	绿色创新对企业经济绩效有正向影响
H4-1	绿色创新在技术知识获取与企业环境绩效关系间起中介作用
H4-2	绿色创新在技术知识获取与企业经济绩效关系间起中介作用
H4-3	绿色创新在市场知识获取与企业环境绩效关系间起中介作用
H4-4	绿色创新在市场知识获取与企业经济绩效关系间起中介作用
H5-1	绿色学习能力正向调节技术知识获取与绿色创新之间的关系
H5-2	绿色学习能力正向调节市场知识获取与绿色创新之间的关系
H5-3	绿色整合能力正向调节技术知识获取与绿色创新之间的关系
H5-4	绿色整合能力正向调节市场知识获取与绿色创新之间的关系
H5-5	绿色动态配置能力正向调节技术知识获取与绿色创新之间的关系
H5-6	绿色动态配置能力正向调节市场知识获取与绿色创新之间的关系
H6-1	绿色学习能力能强化绿色创新在技术知识获取与企业环境绩效间的中介效应
H6-2	绿色学习能力能强化绿色创新在技术知识获取与企业经济绩效间的中介作用
H6-3	绿色学习能力能加强绿色创新在市场知识获取与企业环境绩效间的中介效应
H6-4	绿色学习能力能加强绿色创新在市场知识获取与企业经济绩效间的中介作用
H6-5	绿色整合能力能强化绿色创新在技术知识获取与企业环境绩效间的中介效应
H6-6	绿色整合能力能强化绿色创新在技术知识获取与企业经济绩效间的中介作用
H6-7	绿色整合能力能加强绿色创新在市场知识获取与企业环境绩效间的中介效应
H6-8	绿色整合能力能加强绿色创新在市场知识获取与企业经济绩效间的中介作用
H6-9	绿色动态配置能力能强化绿色创新在技术知识获取与企业环境绩效间的中介效应
H6-10	绿色动态配置能力能强化绿色创新在技术知识获取与企业经济绩效间的中介作用
H6-11	绿色动态配置能力能加强绿色创新在市场知识获取与企业环境绩效间的中介效应
H6-12	绿色动态配置能力能加强绿色创新在市场知识获取与企业经济绩效间的中介作用

第三章　研究设计

在构建模型和提出研究假设的基础上，本章梳理国内外已有的成熟量表，经学术讨论、企业深度访谈和预调研等多个环节进行修订和完善，形成最终测量量表，进而设计问卷并收集数据。运用 SPSS22.0 和 AMOS22.0 统计分析软件进行样本描述性统计分析、偏差分析和信效度检验，进而为后续实证研究提供数据支持。

第一节　问卷设计与数据收集

一、问卷设计

（一）问卷调查法

问卷调查是管理学领域取得一手数据的重要研究方法，是国内外社会调查中较为广泛使用的一种方法。采用问卷调查法获取一手数据，主要基于以下三个方面的考虑：

（1）问卷调查法能够以较少的时间，较低的成本和人力、物力获得一手数据。尤其是目前网络工具普及，可借助网络问卷调查工具、电子邮件、在特定网站发放等方式，使问卷的发放和回收更高效便捷。

（2）问卷调查法的时间相对灵活，对被调查者的干扰较小，也比较容易得到企业和员工的支持，提高了实证研究的效率。

（3）问卷调查法的时效性较强，且问卷调查结果易于形成量化指标用于数据分析，可以借助多种软件和工具进行统计分析，对假设进行检验。我国尚缺乏 TRUCOST、KLD 等相对成熟的国外数据库，而通过公开数据库较难获取关于企业环境保护行为（如绿色创新）的二手数据。

然而，问卷调查的方法存在一定的缺点，比如，问卷回收率难以得到保证；问卷被调查者填写质量参差不齐；问卷的主体内容如果设计得不合理，将影响整个调查的质量。因此，为提高问卷调查的信效度，有必要对问卷的设计和调查过程进行严格把控。

（二）问卷设计过程

问卷中的指标选取和题项设置对研究结果的可靠性和价值有直接影响。通过梳理已有较为成熟的量表、结合中国企业的研究背景和具体研究目的进行修改和完善，形成适用于研究的测量量表，按照以下四个步骤进行问卷设计。

1. 文献资料的收集与整理

基于理论模型中的相关变量进行文献梳理和汇总，分别获取外部知识获取、绿色创新、企业环境绩效、企业经济绩效和绿色动态能力等方面的文献资料，重点借鉴经过多次实证检验并具有较高信效度的测量量表。由于国内关于环境管理和绿色行为的实证研究有限，资料多来自国外的权威文献，因此，在参考国外成熟量表时尽可能充分地考虑中西方差异，如语言差异、背景差异和文化差异等，以适用研究情境。经过这一过程，制定初始问卷。

2. 学术讨论

为保证问卷调查的科学性和严谨性，经由多位教授和博士生组成的研究团队展开头脑风暴，对问卷变量的测量量表进行充分的交流和讨论。在此基础上，以电话或邮件的方式向多所高校知识管理和创新管理研究领域的教授请教，邀请他们对问卷的量表给出宝贵的意见。根据这些意见和建议进行修正和调整，制定问卷第二稿。

3. 企业管理者访谈

基于相关问题进行实地访谈对企业在知识管理和绿色创新方面的实际情况进行了解，并听取企业人士和相关管理者给出的建议。在问卷第二稿形成后，将其发给相关的企业管理者填写，在此基础上提出问题和修改意见。经过这个过程，避免了问卷中出现概念不清、措辞不当、语言过于学术化等问题，使问卷表述更加准确、易于企业管理者理解和填写企业实际情况，形成问卷第三稿。

4. 小范围预调研，形成最终问卷

在正式调研之前，利用高校资源，将问卷随机发给企业管理者、研究生和创业管理教授进行小范围预测试，并根据这些受访者的填写情况以及修改建议进行修订，形成正式调查问卷。

(三) 调查问卷的内容

根据理论模型，围绕重要变量和内容完成调查问卷，问卷内容主要包括三个部分。首先是卷首语，问卷的开头要说明本次调研的目的（仅用于学术研究）、匿名填写（企业和被调查者均匿名）、注意事项和保密措施等。这是由于问卷内容涉及企业知识管理以及绿色创新行为，有必要强调该问卷对被调查者的权益保护，从而打消被调查者的顾虑，使其能够尽量依据实际情况客观填写。其次是企业的基本信息，包括企业的成立年限、员工人数以及所属行业等；还包括受访者基本特征，即性别、年龄、职位和工作年限等。最后是理论模型中各变量的测量量表，主要包括外部知识获取、绿色创新、企业环境绩效、企业经济绩效和绿色动态能力。

二、变量测量

本书共包括 5 个变量。被解释变量为企业绩效，分为企业环境绩效（*EP*）和企业经济绩效（*FP*）。解释变量为外部知识获取，分为技术知识获取（*TKA*）和市场知识获取（*MKA*）。中介变量为绿色创新（*GIN*）。调节变量为绿色动态能力，分为绿色学习能力（*GLC*）、绿色整合能力（*GIC*）和绿色动态配置能力（*GCC*）。变量测量设计的依据在于反映和体现变量的内涵，本书在明确变量定义的基础上参考权威文献的成熟量表；另外，为确保信效度，通过专家访谈和预调研对初始问卷进行适当改进。所有变量的题项均使用李克特 7 点量表进行评价，被调查者从 1 ~7 中选择答案，“1” 代表 “完全不同意”，“7” 代表 “完全同意”。

(一) 外部知识获取

对于外部知识获取，Yli-Renko 等采用 “企业通过向客户提供服务获得大量的市场知识”“企业关于客户需求和趋势的有价值信息大多来自客户”“企业通过向客户提供服务获得大量技术诀窍”和“企业关于产品/服务有价值的技术诀窍大多来自客户”4个测量项来对外部知识获取进行测量。Bojica和Fuentes（2012）采取“通过与这家公司的关系，我们获得了更多市场方面的知识”“通过与这家公司的关系，我们往往能获得客户需求方面的信息”“通过与这家公司的关系，我们获得了技术知识和重要的专业知识”和“通过与这家公司的关系，我们获得了管理方面的有用知识”4个测量项来对外部知识获取进行测量。Li等（2010）采用5个题项衡量外部知识获取，分别是“企业从合作伙伴那里获得新的技能”“企业从合作伙伴那里获得跨国市场开发的相关知识和技能”“企业从合作伙伴那里获得开发新产品/服务的知识和技能”“企业从合作伙伴那里获得管理方面的知识和技能”和“企业从合作伙伴那里获得运营和生产的知识和技能”。

本书从技术知识获取和市场知识获取两个维度对外部知识获取进行测量，对技术知识获取的测量借鉴Cassiman和Veugelers（2006）研究中所使用的量表，对市场知识获取的测量借鉴Zhou和Li（2012）研究中所使用的量表，经学术讨论和企业管理者访谈，结合中国企业的研究背景和研究目的进行修改和完善，形成量表，如表3－1所示。在小范围预调研后，根据信效度的检验结果保留所有题项，正式问卷中技术知识获取的测量题项共4个，市场知识获取的测量题项共3个。

表3－1　外部知识获取测量量表

变量	题项内容	来源
技术知识获取（*TKA*）	*TKA*1 企业经常通过引进先进设备获得外部技术知识	Cassiman 和 Veugelers（2006）
	*TKA*2 企业经常通过研发外包获得外部技术知识	
	*TKA*3 企业经常通过技术外购获得外部技术知识	
	*TKA*4 企业经常通过聘用技术人员获得外部技术知识	
市场知识获取（*MKA*）	*MKA*1 企业经常通过客户收集市场信息	Zhou 和 Li（2012）
	*MKA*2 企业经常收集有关竞争对手活动的市场信息	
	*MKA*3 企业经常通过供应商收集市场信息	

（二）绿色创新

在以往研究中，学者通过多种方式衡量绿色创新。Chen 等（2006）通过 4 个题项衡量企业绿色产品创新，包括“企业在开发或设计产品时选用产生最少污染的产品原料”“企业在开发或设计产品时选用能源和资源消耗最少的产品原材料”“企业在开发或设计产品时使用最少的原材料制造产品”“企业在开发或设计产品时会谨慎地考虑产品是否易于回收、再利用和分解”。De Marchi 通过 3 个题项评估企业绿色创新的情况，包括“企业是否引入一种创新，能产生环保、安全和健康的中高等效应”“企业是否引入一种创新能产生减少每生产单位的材料或能源的中高等效应”和“企业是否引入一种创新，既能产生环保、安全和健康的中高等效应，又能产生减少每生产单位的材料或能源的中高等效应”。Chang（2011）基于 Utterback 和 Abernathy（1975）的研究从三个方面衡量企业绿色工艺创新，包括“企业的生产工艺有效减少有害物质和废物的排放”“企业在生产过程中减少水、电、煤、油的消耗”和“企业在生产过程中减少原材料的使用”；从三个方面衡量企业绿色产品创新，包括“企业在开发或设计产品时选择排放污染最少的产品材料”“企业使用最少的材料实现产品开发或设计”和“企业在产品开发或设计中会认真考虑产品是否易于回收、分解和再利用”。Cuerva 等（2014）通过四个方面衡量企业绿色创新实践，包括“企业对自然资源和环境技术的可持续利用”“企业对管道末端废物的回收”“企业对能源的利用率”以及“企业对生态产品的开发”。此外，Li 等（2017）和 Ioppolo 等（2019）通过绿色专利来衡量绿色创新，Li 等（2018）和 Lin 等（2014）采用生态标签产品认证衡量绿色创新。

本书对绿色创新的测量借鉴 Chang（2011）、De Marchi（2018）、Cai 和 Li（2018）研究中所使用的量表，经学术讨论和企业管理者访谈，结合中国企业的研究背景和研究目的进行修改和完善，形成最终量表，如表 3－2 所示。在小范围预调研后，根据信效度的检验结果保留所有题项，正式问卷中绿色创新测量题项共 5 个。

表 3-2 绿色创新测量量表

变量	题项内容	来源
绿色创新（*GIN*）	*GIN*1 企业经常采用低能耗的原材料	Chang（2011）、De Marchi（2012）、Cai 和 Li（2018）
	*GIN*2 企业经常采用易于回收、再利用和再制造的原材料	
	*GIN*3 企业经常采用清洁技术以实现节约和防止污染	
	*GIN*4 企业经常开发或改进生产流程以减少有害/有毒物质的排放	
	*GIN*5 企业经常开发或改进生产流程以减少原材料的使用	

（三）企业绩效

对于企业环境绩效，Li 等（2018）在研究中采用“企业的设施减少了能源消耗”“企业的设施减少了用水”“企业减少了资源的浪费”和“企业减少了污染的排放”共 4 个题项测量企业环境绩效。Cai 和 Li（2018）的研究中采用“企业减少了废气、废水、固体废物的排放”“企业减少了危险/有害/有毒材料的消耗”“企业降低了环境事故发生的频率”以及“企业增加了环保方面的专利”共 4 个题项测量企业环境绩效。Hong 等（2018）从污染控制和资源利用两方面共 6 个题项来衡量企业环境绩效。Sánchez-Medina 等（2013）认为企业的主观环境绩效即企业减轻环境负担的程度，可以从 5 个题项进行评估，分别是“减少了耗水量”“减少了能耗”“减少了固体废物”“通过使用辅助设备和材料降低了严重受伤的风险”以及“通过培训降低了严重受伤的风险”。

对于企业经济绩效，王永健和谢卫红（2015）从运营绩效、市场绩效和财务绩效三个方面来衡量企业经济绩效。Li（2014）从四个方面衡量企业经济绩效，包括“提高了生产率”“减少了废物处理费用”“通过销售废料、废旧材料和设备增加了利润”以及“降低了环境事故的处罚成本”。Li 等（2018）从商品和服务总销售额、盈利能力以及市场份额三个方面评估企业经济绩效。Sánchez-Medina 等（2013）通过调研问卷衡量经济绩效的客观和主观指标。客观指标是通过计算年度利润与企业总资产价值之间的比率衡量企业的资产回报率（ROA）；主观指标是企业高管对企业过去一年的“市场竞争力”“消费者满意度”和“利润”三个方面改善程度的评价。王永健和谢卫红（2015）在研究中从五个方面衡量企业经济绩效，即过去三年间，企业与主要竞争对手相比是否“销售额增长很快”“市场占有率增长很快”“利润率增长很快”“投资回报率很高”和“资产额增长很快”。

本书对企业环境绩效和企业经济绩效的测量借鉴了 Li 等（2018）研究中所使用的量表，经学术讨论和企业管理者访谈，结合中国企业的研究背景和研究目的进行修改和完善，形成量表，如表 3－3 所示。在小范围预调研后，根据信效度的检验结果，企业环境绩效的量表保留所有题项，企业经济绩效的量表删除了题项 *FP*4。因此，正式问卷中企业环境绩效的测量题项共 4 个，企业经济绩效的测量题项共 3 个。

表 3－3　企业绩效测量量表

变量	题项内容	来源
企业环境绩效（*EP*）	*EP*1 企业有效减少了煤、石油和天然气等资源的消耗	Li 等（2018）
	*EP*2 企业有效减少了水资源的消耗	
	*EP*3 企业有效减少了废气、废水、固体废物的产生	
	*EP*4 企业有效减少了危险/有害/有毒物质的排放	
企业经济绩效（*FP*）	*FP*1 过去三年，企业与竞争对手相比有较高的销售（营业）增长率	
	*FP*2 过去三年，企业与竞争对手相比有较高的利润平均增长率	
	*FP*3 过去三年，企业与竞争对手相比有较高的市场份额增长率	
	*FP*4 过去三年，企业与竞争对手相比有较高的成本利润率	

（四）绿色动态能力

迄今，已有许多学者采用问卷测量法研究动态能力，例如，Huang 和 Li（2017）基于 Teece 等学者的定义，在测量企业动态能力时，要求受访者评价企业的资源整合能力、资源再配置能力、学习能力和应对快速变化的环境能力。Chang（2013）对绿色动态能力的测量题项共 7 个，包括“企业有能力快速监控环境，发现新的绿色机会”“企业具备有效的常规来识别和开发新的绿色知识”“企业有能力开发绿色技术”“企业具有学习、吸收、生成、组合、转化、分享和应用绿色新知识的能力”“企业有能力在企业内部成功整合和管理专业绿色知识”“企业有能力成功协调员工开发绿色技术”和“企业有能力合理配置资源，发展绿色创新”。

Zhou 等（2018）采用了三维二阶结构，即整合能力、学习能力及配置能力。整合能力包括“企业具有收集客户信息和探索潜在市场的能力”“企业具有收集行业信息以进行管理决策的专门机构”“企业具有整合行业相关技术开发新产品的能力”以及“企业记录其处理企业问题的方法和经验”4 个题项；学习能力包括“企业经常组织员工对行业相关知识进行学习”“企业经常对员工进行内部教育培训”“企业开展知识共享和成立学习小组”和“企业经常组织员工进行内部跨部门学习”4 个题项；配置能力包括“企业具有明确的人力资源重新分配程序”“企业对市场变化能够快速响应”“企业对竞争对手行为能够快速响应”以及“企业与合作组织能够进行高效的沟通”4 个题项。

Lin 和 Wu（2014）采用整合、学习和配置能力测量动态能力。整合能力包括“企业具有收集客户信息和探索潜在市场的能力”和“企业经常记录和整合其处理企业问题的方法和经验”等4 个题项；学习能力包括“经常组织行业知识的学习”和“有可以访问的知识管理库”等5 个题项；配置能力包括“明确的人力资源重新分配程序”和“组织对市场变化的快速响应”等4 个题项。

马鸿佳等（2014）从环境适应能力、资源整合能力和学习能力三个维度测量动态能力。环境适应能力包括“企业根据市场动态配置资源的能力”和“企业和利益相关者定期交流”等5 个题项；资源整合能力包括“企业不断完善其自身的资源禀赋”以及“能够用整合的资源提升工作效率和效能”等6 个题项；学习能力包括“企业实现了知识的内部共享”和“企业内部的沟通渠道畅通无阻”等6 个题项。

李先江（2014）采用 15 个题项从绿色环境洞察力、绿色组织柔性、环境知识学习能力和绿色变革能力四个方面测量绿色动态能力。黄晓杏等（2015）从绿色组织学习能力、绿色资源整合能力、环境适应能力和绿色关系能力四个方面来测量。绿色组织学习能力的测量包括“加工与利用新的环境知识”等5 个题项；绿色资源整合能力的测量包括“对绿色资源的开发和拓展”等3

个题项；环境适应能力的测量包括“及时了解政府绿色政策支持信息”等3个题项；绿色关系能力的测量包括“开发和经营绿色合作伙伴互惠友好关系”等4个题项。

为测量绿色动态能力，本书分别测量绿色学习能力、绿色整合能力和绿色动态配置能力三个维度。借鉴Lin和Wu（2014）以及Zhou等（2018）研究中所使用的量表，经学术讨论和企业管理者访谈，结合中国企业的研究背景和研究目的进行修改和完善，形成最终量表，如表3-4所示。在小范围预调研后，根据信效度的检验结果保留所有题项，正式问卷中绿色学习能力的测量题项共5个，绿色整合能力的测量题项共4个，绿色动态配置能力的测量题项共4个。

表3-4 绿色动态能力的测量量表

变量	题项内容	来源
绿色学习能力（GLC）	GLC1 企业经常组织环保知识学习	Lin和Wu（2014）、Zhou等（2018）
	GLC2 企业经常进行内部环保教育培训	
	GLC3 企业成立学习小组并经常开展环保知识共享	
	GLC4 企业经常组织内部跨部门环保知识学习	
	GLC5 企业具有可以访问的环保知识管理库	
绿色整合能力（GIC）	GIC1 企业具有收集客户信息和探索潜在环保市场的能力	
	GIC2 企业成立收集行业环保信息以进行管理决策的专门机构	
	GIC3 企业经常通过整合行业相关技术开发环保新产品	
	GIC4 企业经常记录和整合自身处理环保问题的方法和经验	
绿色动态配置能力（GCC）	GCC1 企业具有明确的环保资源重新分配程序	
	GCC2 企业能够对环保市场的变化快速响应	
	GCC3 企业能够对环保市场竞争对于的行为快速响应	
	GCC4 企业能够与环保合作组织进行高效沟通	

（五）控制变量

为提高问卷调查的信效度，加入控制变量，以剔除其他因素对解释变量的干扰。由于企业规模、年限和所属行业可能会影响企业的绿色创新行为和企业绩效（Liao，2016；Dai et al.，2015；Lin et al.，2014），故问卷设计应对企业规模、年限及其行业进行限制。企业规模可通过员工人数来进行衡量（Liao，2016；Dibrell et al.，2011），分为五个层次；企业年限可由企业成立的时间来评估（Liao，2016），分为四个层次；根据 Horbach（2008）和 Huang 等（2016）的研究，可将行业用虚拟变量表示，1 代表制造业行业，0 代表服务业行业。

三、样本选择与数据收集

最终问卷形成后，开展大规模的正式调研。本书收集陕西、天津、上海和广东等省（市）的企业数据，这些省（市）分别代表了我国西部、环渤海地区、长江三角洲和珠江三角洲，能反映不同发展程度的市场经济状况。本调研基于企业规模和行业分层，随机抽样获得随机样本库，为确保调查问卷的回收率，借助高校资源和课题组的社会关系发放问卷。问卷发放有以下两种途径：一是委托高校 MBA/EMBA 班的学员填写、帮忙联系企业高管进行半结构化的访谈，从而完成问卷填写；二是委托同学、亲戚朋友通过现场访谈、电子邮件和网络发送给企业经理，完成问卷。本问卷要求企业的 CEO、CFO、环境部门以及研发部门的主管等中高层管理者来填写，确保被调查者了解和熟悉本次调查的内容。本调查最终发放问卷 784 份，回收问卷 480 份，问卷回收率为 61.2%；删除 39 份不完整的和 25 份有错误的问卷，有效问卷为 416 份，有效率为 86.7%。

具体而言，课题组委托高校 MBA/EMBA 学员填写并帮忙发放和回收部分调查问卷，共回收有效问卷 155 份；委托同学、亲戚朋友填写并帮忙发放和回收调查问卷，共回收有效问卷 261 份。表 3－5 展示了问卷的发放与回收情况。

表 3－5　问卷发放与回收情况

发放途径	发放数量（份）	回收数量（份）	回收率（%）	有效数量（份）	有效率（%）
委托 MBA/EMBA 学员	300	171	57.0	155	90.6
委托同学、亲戚朋友	484	309	63.8	261	84.5
合计	784	480	61.2	416	86.7

本书对416份有效数据进行样本描述性统计分析，结果如表3-6所示。可以看出，样本企业涵盖了食品、饮料、酒精和香烟，纺织、服装和奢侈品，计算机和通信设备，电气机械和设备以及运输和运输基础设施等行业，基本可以反映不同行业的企业情况。其中，软件和技术服务占比最高，为17.5%；食品、饮料、酒精和香烟企业，制药和医疗企业，计算机和通信设备企业以及贸易和零售企业占比均超过10%；纺织、服装和奢侈品企业，化工和石化企业，电气机械和设备企业以及运输和运输基础设施企业占比均在10%以下；其他行业企业占比为7.0%。从企业年限来看，成立7~10年和成立4~6年的企业较多，分别占30.8%和29.1%。从性别来看，受访者多为男性，占样本总数的68.3%。从年龄分布来看，受访者主要集中在26~40岁，占比为60.3%。从受访者的从业年限来看，工作7~8年和9~10年的占比较大，分别占52.9%和22.8%。由此可知，样本在行业类别和企业年限等方面具有差异性，样本具有广泛的代表性，能够反映我国企业的总体情况。

表3-6 样本描述性统计分析

基本信息	分类	频数	百分比（%）
行业类别	食品、饮料、酒精和香烟	42	10.1
	纺织、服装和奢侈品	38	9.1
	制药和医疗	50	12.0
	化工和石化	37	8.9
	电气机械和设备	21	5.0
	运输和运输基础设施	27	6.5
	计算机和通信设备	48	11.5
	软件和技术服务	73	17.5
	贸易和零售	51	12.3
	其他	29	7.0
企业年限	≤3年	79	19.0
	4~6年	121	29.1
	7~10年	128	30.8
	11年及以上	88	21.2

续表

基本信息	分类	频数	百分比（%）
受访者性别	女	132	31.7
	男	284	68.3
受访者年龄	25 岁及以下	87	20.9
	26～40 岁	251	60.3
	41 岁及以上	78	18.8
受访者从业年限	4 年及以下	17	4.1
	5～6 年	69	16.6
	7～8 年	220	52.9
	9～10 年	95	22.8
	11 年及以上	15	3.6

如表 3－7 所示，研究变量的各题项偏度绝对值均小于 1，峰度绝对值均小于 2，符合基本标准（偏度绝对值小于 3，峰度绝对值小于 10），代表样本基本符合正态分布，可以继续进行下一步分析。

表 3－7　各题项的均值、标准差、偏度和峰度分析

变量	题项	平均值	标准差	偏度	偏度标准误	峰度	峰度标准误
技术知识获取（*TKA*）	*TKA*1	4.600	1.835	－0.436	0.120	－0.733	0.239
	*TKA*2	5.040	1.718	－0.873	0.120	－0.146	0.239
	*TKA*3	5.000	1.722	－0.818	0.120	－0.197	0.239
	*TKA*4	5.140	1.525	－0.982	0.120	0.309	0.239
市场知识获取（*MKA*）	*MKA*1	4.790	1.770	－0.683	0.120	－0.504	0.239
	*MKA*2	4.680	1.722	－0.607	0.120	－0.597	0.239
	*MKA*3	4.850	1.762	－0.727	0.120	－0.445	0.239
绿色创新（*GIN*）	*GIN*1	3.990	2.028	－0.149	0.120	－1.366	0.239
	*GIN*2	4.150	1.946	－0.209	0.120	－1.290	0.239
	*GIN*3	4.310	1.861	－0.358	0.120	－1.082	0.239
	*GIN*4	4.040	2.097	－0.023	0.120	－1.577	0.239
	*GIN*5	4.320	1.998	－0.209	0.120	－1.306	0.239

续表

变量	题项	平均值	标准差	偏度	偏度标准误	峰度	峰度标准误
企业环境绩效（*EP*）	*EP*1	4.800	1.795	-0.671	0.120	-0.590	0.239
	*EP*2	4.550	1.852	-0.530	0.120	-0.784	0.239
	*EP*3	4.700	1.860	-0.571	0.120	-0.750	0.239
	*EP*4	4.550	1.773	-0.370	0.120	-0.785	0.239
企业经济绩效（*FP*）	*FP*1	4.730	1.650	-0.498	0.120	-0.328	0.239
	*FP*2	4.900	1.713	-0.607	0.120	-0.557	0.239
	*FP*3	4.630	1.635	-0.674	0.120	-0.330	0.239
绿色学习能力（*GLC*）	*GLC*1	4.426	1.695	-0.344	0.120	-0.820	0.239
	*GLC*2	4.642	1.664	-0.617	0.120	-0.592	0.239
	*GLC*3	3.971	1.983	-0.053	0.120	-1.265	0.239
	*GLC*4	4.142	1.924	-0.123	0.120	-1.226	0.239
	*GLC*5	3.990	2.016	-0.060	0.120	-1.286	0.239
绿色整合能力（*GIC*）	*GIC*1	4.447	1.934	-0.320	0.120	-1.104	0.239
	*GIC*2	4.361	1.954	-0.228	0.120	-1.189	0.239
	*GIC*3	4.517	1.906	-0.370	0.120	-1.003	0.239
	*GIC*4	4.839	1.804	-0.622	0.120	-0.821	0.239
绿色动态配置能力（*GCC*）	*GCC*1	4.426	1.966	-0.327	0.120	-1.157	0.239
	*GCC*2	4.466	1.960	-0.333	0.120	-1.147	0.239
	*GCC*3	4.832	1.659	-0.532	0.120	-0.699	0.239
	*GCC*4	4.776	1.741	-0.339	0.120	-0.970	0.239

第二节 偏差分析

一、无反应偏差检验

为评估无反应偏差（回答者和未回答者之间是否存在差异），对早期收集的数据（216 份数据）和后期收集的数据（200 份数据）进行比较，结果在 $P \leqslant 0.05$ 的企业年限、企业规模和企业所属行业等基本信息方面没有统计上的显著差异（见表3-8），这表明在本调研回答者和未回答者之间基本不存在差异。

表3-8　无反应偏差检验结果

变量	假设	方差方程的 Levene 检验		均值方差的 t 检验				
		F	显著性	t	自由度	显著性	差值的95%置信区间	
							下限	上限
企业年限	已假设方差齐性	6.891	0.009	-0.929	414	0.353	-0.265	0.095
	未假设方差齐性			-0.926	400.927	0.355	-0.266	0.096
企业规模	已假设方差齐性	1.457	0.228	1.489	414	0.137	-0.050	0.363
	未假设方差齐性			1.492	413.655	0.137	-0.050	0.363
企业所属行业	已假设方差齐性	2.085	0.149	-0.725	414	0.469	-0.121	0.056
	未假设方差齐性			-0.724	409.17	0.470	-0.121	0.056

二、共同方法偏差检验

共同方法偏差（Common Method Biases，CMB）也叫同源性偏差，是实证研究掩盖变量间的真实关系而导致研究结果出现系统误差，在管理学研究特别是采用问卷调查法的研究中广泛存在。在以往研究中，避免数据同源偏差的常用方法有过程控制法和统计控制法。

过程控制是通过控制潜在的误差源减少误差，采用以下三种方法进行过程控制：①在正式问卷形成前，对题目的语言表述进行反复修正，减少语言表达不清晰和研究情境差异带来的偏差；②在问卷填写前，向被调查者强调本次调研采用匿名填写并做到严格保密，打消被调查者的顾虑，减少由被调查者心理因素导致的动机性误差影响；③采用多种渠道和方式发放问卷，调研的地域、时间、对象都呈现明显差异，确保被调查者不在同一时间和空间填写问卷，以减少共同方法偏差问题的出现。

统计控制是研究者通过统计手段，避免方法差异对研究结果造成影响。由于研究问卷多采用自我报告的方式，因此有可能存在共同方法偏差，有必要通过统计控制的方法进行检验。常见的统计控制方法包括 Harman 的单因素分析检验法、偏相关法、潜在误差变量控制法等。根据 Podsakoff 等的研究，笔者采用 Harman 的单因素分析检验法来评估同源偏差的程度。该方法主要通过检验因子分析的结果是否解释了变量间协方差的大部分来评估是否存在共同方法偏差。运用 SPSS 软件对全部量表的数据进行因子分析，将 33 个题项加载到一起，并进行未旋转的主成分分析。结果显示，KMO 值为 0.868，卡方值为 7814.047，自由度为 496，显著性水平为 0.000。总方差解释率为 72.8%，单个因子的最大方差解释率为 24.380%，未占到总方差解释率的一半，说明单个因子对整个问卷无明显解释力度。因此，本书的研究受到共同方法偏差的影响不严重，可以进行后续的分析。

第三节　信度和效度检验

一、信度检验

信度（Reliability）越高，代表观测值的误差越小。本书利用调查问卷所得数据来分析外部知识获取对企业绩效的影响，通过信度分析对样本数据的稳定性和可靠性进行检验。

问卷的克朗巴哈系数（Cronbach's α）和项目总体相关系数（Corrected Item-Total Correlation，CITC）是目前应用比较广泛的评价信度的指标。本书用 Cronbach's α 值和 CITC 来检测测量量表的信度。Cronbach's α 在［0，1］区间取值，数值越大说明变量测量的可靠性越高。Cortina（1993）等认为该数值的临界为 0.7，即 Cronbach's α 大于 0.7，则说明量表具有较好的内部一致性；Fronell 和 Larcker（1981）则认为，只要 Cronbach's α 大于 0.5 就是可接受的信度检验结果。如果分析结果没有达到信度分析的条件，一般需要通过删除某些特定的题项来提高量表的信度。这时，需要根据题项的 CITC 值来进行取舍，如果某个题项的 CITC 值小于 0.5，并且删除该题项后的 Cronbach's α 有所提升，则将该题项删除。本书对各量表进行信度分析，结果如表 3－9 所示。

表 3-9 各量表信度分析

变量	题项	CITC 值	删除后的 Cronbach's α	Cronbach's α
TKA	*TKA*1	0. 698	0. 813	0. 853
	*TKA*2	0. 681	0. 819	
	*TKA*3	0. 704	0. 809	
	*TKA*4	0. 703	0. 812	
MKA	*MKA*1	0. 662	0. 747	0. 814
	*MKA*2	0. 691	0. 718	
	*MKA*3	0. 642	0. 768	
GIN	*GIN*1	0. 775	0. 893	0. 912
	*GIN*2	0. 736	0. 900	
	*GIN*3	0. 852	0. 878	
	*GIN*4	0. 753	0. 898	
	*GIN*5	0. 773	0. 893	
EP	*EP*1	0. 774	0. 865	0. 897
	*EP*2	0. 742	0. 877	
	*EP*3	0. 798	0. 856	
	*EP*4	0. 768	0. 868	
FP	*FP*1	0. 725	0. 795	0. 854
	*FP*2	0. 719	0. 802	
	*FP*3	0. 731	0. 790	
GLC	*GLC*1	0. 624	0. 838	0. 856
	*GLC*2	0. 691	0. 823	
	*GLC*3	0. 805	0. 788	
	*GLC*4	0. 619	0. 840	
	*GLC*5	0. 631	0. 838	
GIC	*GIC*1	0. 717	0. 814	0. 858
	*GIC*2	0. 664	0. 837	
	*GIC*3	0. 778	0. 788	
	*GIC*4	0. 658	0. 838	
GCC	*GCC*1	0. 652	0. 881	0. 879
	*GCC*2	0. 839	0. 803	
	*GCC*3	0. 749	0. 843	
	*GCC*4	0. 733	0. 847	

从表3-9中可以看出，技术知识获取、市场知识获取、绿色创新、企业环境绩效、企业经济绩效、绿色学习能力、绿色整合能力和绿色动态配置能力8个变量的Cronbach's α分别为0.853、0.814、0.912、0.897、0.854、0.856、0.858、0.879，均达到了大于0.7的标准；另外，各题项的CITC值都达到了大于0.5的标准，并且删除任一题项均不会带来Cronbach's α的增加，因此可认为各变量的题项之间具有良好的内在一致性，所有题项都可以保留并进行下一步分析。

二、效度检验

效度（Validity）是指测量题目对测量目标反映的真实程度，目的是揭示测量工具的正确性和有效性。效度越高，说明观测值越能真实反映所要测量的内容。内容效度和结构效度是经济管理领域中学者重点关注的指标。

（一）内容效度

内容效度又称表面效度、逻辑效度，它代表了样本数据对研究主题的反映程度，具体是指观测指标对所要测量内容的适用性程度。内容效度无法通过统计指标来反映，往往采用定性的方法进行评估。由于所使用的量表基于国内外权威文献中的成熟量表，并经过学术讨论、企业深度访谈和预调研等多个环节进行修正，使量表题项更适合问题情境，在我国背景下能够表述得更加准确和易于理解。

（二）结构效度

结构效度是指测量工具所能测量的理论的概念或特质的有效程度。周延性和排他性是结构效度所重点关注的。周延性的要求在于对原理论建构的充分解读（收敛效度），排他性的要求在于将不相干的理论建构排除在外（区别效度）。因此，结构效度包括收敛效度和区别效度，这两个效度要同时获得，才可认为具有结构效度。

收敛效度用来测量同一构念的不同测量题项间的相关度。检验收敛效度，可以通过验证性因子分析（Confirmatory Factor Analysis，CFA）计算出平均方差萃取量（Average Variance Extracted，AVE）和组合信度（Combined Reliability，CR）。本书使用 AMOS22.0 统计分析软件，采取结构方程模型进行验证性因子分析，得到外部知识获取、绿色创新、企业环境绩效、企业经济绩效、绿色学习能力、绿色整合能力和绿色动态配置能力各变量测量题项的标准化因子载荷，然后计算得到各变量的 AVE 和 CR 值，如表 3－10 所示。

表 3－10　收敛效度检验

变量	题项	非标准化因子载荷	标准差（SE）	CR	*P*	标准化因子载荷	CR	AVE
TKA	*TKA*1	1.000				0.769	0.855	0.596
	*TKA*2	0.924	0.062	14.932	***	0.759		
	*TKA*3	0.954	0.062	15.377	***	0.782		
	*TKA*4	0.841	0.055	15.305	***	0.778		
MKA	*MKA*1	1.000				0.779	0.815	0.596
	*MKA*2	0.997	0.071	14.096	***	0.799		
	*MKA*3	0.940	0.069	13.577	***	0.736		
GIN	*GIN*1	1.000				0.817	0.914	0.680
	*GIN*2	0.909	0.051	17.840	***	0.774		
	*GIN*3	1.021	0.046	22.294	***	0.909		
	*GIN*4	1.010	0.054	18.618	***	0.798		
	*GIN*5	0.987	0.051	19.299	***	0.819		
EP	*EP*1	1.000				0.833	0.897	0.685
	*EP*2	0.978	0.054	18.218	***	0.790		
	*EP*3	1.076	0.052	20.526	***	0.865		
	*EP*4	0.975	0.051	19.259	***	0.822		
FP	*FP*1	1.000				0.813	0.854	0.661
	*FP*2	1.026	0.063	16.253	***	0.803		
	*FP*3	1.003	0.061	16.439	***	0.823		
GLC	*GLC*1	1.000				0.713	0.861	0.557
	*GLC*2	1.046	0.073	14.371	***	0.759		
	*GLC*3	1.463	0.090	16.217	***	0.891		
	*GLC*4	1.058	0.084	12.631	***	0.664		
	*GLC*5	1.139	0.088	12.968	***	0.682		

续表

变量	题项	非标准化因子载荷	标准差（SE）	CR	P	标准化因子载荷	CR	AVE
GIC	GIC1	1.000				0.701	0.855	0.599
	GIC2	0.960	0.076	12.575	***	0.668		
	GIC3	1.276	0.081	15.805	***	0.909		
	GIC4	1.066	0.072	14.765	***	0.795		
GCC	GCC1	1.000				0.721	0.885	0.661
	GCC2	1.256	0.073	17.25	***	0.909		
	GCC3	0.950	0.060	15.814	***	0.812		
	GCC4	0.981	0.063	15.559	***	0.798		

注：*** 表示 $P<0.001$。

从表 3-10 的结果中可以看出，各变量的 AVE 均大于 0.5，CR 值都大于 0.7，因子载荷基本都超过 0.7，且表现显著（$P<0.001$），达到了标准范围。因此，测量题项对相应变量的解释程度比较好，变量具有较好的收敛效度。

区别效度即区分效度，是指假设模型中的不同构念应用不同的题项来测量，反映在统计数据上应该是有差异的，即不同构念的题目之间的相关性不会过高。也就是说，若两个题项的相关程度过高，则认为这两个题项没有区别，测量的是同一件事，即变量间的区别效度欠佳。区别效度可以利用探索性因子分析（Exploratory Factor Analysis，EFA）法，它是实证检验中经常使用的一种方法，是一项对样本数据进行降维处理的技术。当研究者不清楚量表的内部结构，尤其是第一次使用当量表时，研究者们对所有的测量题项进行因子旋转分析。如果某个题项在其对应主成分的因子载荷值大于 0.5，而在其他因子上小于 0.5，即可认为这一题项属于这个因子。通过 EFA 法，研究者可以将多个复杂的变量进行降维处理，删除不必要的题项，并析出量表的潜在结构关系。

借助 SPSS22.0 统计分析软件，采用主成分分析方法（因子旋转采用正交旋转）进行探索性因子分析，提取公因子，对控制变量、外部知识获取、绿色创新、企业环境绩效、企业经济绩效和绿色动态能力等潜在变量进行区别效度分析，结果如表 3 - 11 所示。可以看出，问卷中的 32 个题项能够较好地提取出具有一定差异的 8 个主成分因子，这 8 个主成分因子分别对应绿色创新、绿色学习能力、企业环境绩效、绿色动态配置能力、技术知识获取、绿色整合能力、企业经济绩效和市场知识获取。综合以上分析，本书各变量具备较好的区别效度。

表 3 - 11　探索性因子分析结果

题目	因子载荷							
*GIN*3	**0. 851**	0. 050	0. 220	0. 018	0. 080	0. 102	0. 143	0. 149
*GIN*4	**0. 842**	0. 048	0. 112	0. 077	0. 077	- 0. 040	0. 073	0. 101
*GIN*2	**0. 790**	- 0. 092	0. 137	0. 048	0. 186	0. 091	0. 129	0. 081
*GIN*1	**0. 776**	- 0. 009	0. 229	0. 038	0. 117	0. 071	0. 150	0. 201
*GIN*5	**0. 751**	0. 069	0. 307	0. 050	0. 143	0. 048	0. 202	0. 127
*GLC*3	0. 029	**0. 890**	0. 039	0. 000	- 0. 052	0. 056	0. 016	- 0. 019
*GLC*2	0. 017	**0. 814**	- 0. 046	- 0. 012	0. 107	0. 090	- 0. 014	- 0. 085
*GLC*1	0. 030	**0. 768**	- 0. 028	0. 020	0. 060	0. 047	- 0. 016	- 0. 067
*GLC*5	- 0. 021	**0. 758**	- 0. 016	0. 057	- 0. 082	0. 037	0. 008	0. 035
*GLC*4	- 0. 011	**0. 750**	0. 060	0. 048	- 0. 016	- 0. 012	0. 002	0. 041
*EP*3	0. 212	- 0. 034	**0. 821**	- 0. 021	0. 152	- 0. 036	0. 146	0. 172
*EP*1	0. 185	0. 059	**0. 815**	0. 031	0. 172	0. 011	0. 108	0. 183
*EP*4	0. 243	- 0. 011	**0. 804**	- 0. 041	0. 118	- 0. 025	0. 164	0. 119
*EP*2	0. 273	- 0. 001	**0. 773**	- 0. 028	0. 189	0. 036	0. 132	0. 083
*GCC*2	0. 053	0. 034	- 0. 043	**0. 913**	- 0. 075	0. 029	- 0. 007	0. 026
*GCC*3	0. 097	0. 046	- 0. 028	**0. 858**	0. 017	0. 099	- 0. 006	0. 027
*GCC*4	0. 019	0. 008	- 0. 023	**0. 853**	0. 002	0. 080	0. 000	- 0. 053
*GCC*1	0. 012	0. 032	0. 045	**0. 788**	- 0. 038	0. 065	0. 009	- 0. 029
*TKA*3	0. 166	0. 005	0. 111	- 0. 072	**0. 801**	- 0. 047	0. 082	0. 116
*TKA*1	0. 072	0. 055	0. 157	- 0. 020	**0. 800**	- 0. 020	0. 147	0. 090
*TKA*4	0. 121	0. 018	0. 129	- 0. 031	**0. 799**	- 0. 096	0. 132	0. 09
*TKA*2	0. 140	- 0. 069	0. 160	0. 021	**0. 763**	0. 028	0. 138	0. 162
*GIC*3	0. 003	0. 014	- 0. 040	0. 040	- 0. 078	**0. 889**	- 0. 001	0. 083
*GIC*1	0. 069	0. 073	0. 016	0. 054	- 0. 001	**0. 837**	0. 023	- 0. 112

续表

题目	因子载荷							
*GIC*2	0.091	0.037	0.010	0.048	0.049	**0.803**	-0.066	-0.133
*GIC*4	0.031	0.094	0.007	0.149	-0.104	**0.791**	0.030	0.139
*FP*1	0.175	-0.015	0.182	-0.030	0.161	-0.005	**0.817**	0.139
*FP*2	0.207	0.039	0.145	-0.005	0.192	-0.043	**0.813**	0.107
*FP*3	0.211	-0.030	0.186	0.033	0.172	0.030	**0.797**	0.167
*MKA*1	0.203	-0.032	0.103	-0.041	0.213	-0.044	0.110	**0.784**
*MKA*2	0.227	-0.067	0.217	0.032	0.107	-0.006	0.157	**0.779**
*MKA*3	0.137	-0.003	0.196	-0.030	0.153	0.010	0.138	**0.774**

注：提取方法为主成分分析法，旋转方法为 Kaiser 标准化最大方差法，*a* 旋转在 6 次迭代后已收敛。

第四节　本章小结

本章基于国内外成熟量表制定初始问卷，并经学术讨论、企业管理者访谈、小范围预调研等多个环节对初始问卷进行修正和调整，形成最终测量量表，进而设计调查问卷并收集数据；利用 SPSS22.0 和 AMOS22.0 统计分软件对正式调研有效数据进行了样本的描述性统计分析、偏差分析以及信效度检验。其中，样本的描述性统计分析结果表明，样本具有广泛的代表性且基本服从正态分布；偏差分析结果显示数据通过了无反应偏差检验和共同方法偏差检验；信效度检验结果显示变量都具有良好的信度和效度。这些分析结果显示数据具有良好的可靠性和有效性，为后续进一步假设检验提供了支撑。

第四章 假设检验

在前文基础上，本章对变量进行描述性统计分析、对研究假设采用层级回归分析和 Bootstrap 法进行检验，得出检验结果并进行汇总。

第一节 描述性统计与相关分析

为了解变量分布情况，本书对技术知识获取、市场知识获取、绿色创新、企业环境绩效、企业经济绩效、绿色学习能力、绿色整合能力和绿色动态配置能力的描述性统计指标进行分析，包括最小值、最大值、均值和标准差，结果见表 4 – 1。可以看出，技术知识获取的平均值为 4. 94，标准差为 1. 42；市场知识获取的平均值为 4. 77，标准差为 1. 50；绿色创新的平均值为 4. 16，标准差为 1. 71；企业环境绩效的平均值为 4. 65，标准差为 1. 59；企业经济绩效的平均值为 4. 75，标准差为 1. 47；绿色学习能力的平均值为 4. 23，标准差为 1. 48；绿色整合能力的平均值为 4. 54，标准差为 1. 59；绿色动态配置能力的平均值是 4. 63，标准差是 1. 57。

表 4 – 1 描述性统计分析

变量	样本数（份）	最小值	最大值	均值	标准差
企业年限	416	1. 00	4. 00	2. 04	0. 93
企业规模	416	1. 00	5. 00	2. 22	1. 07
企业所属行业	416	0. 00	1. 00	0. 30	0. 46
TKA	416	1. 25	6. 75	4. 94	1. 42
MKA	416	1. 33	6. 67	4. 77	1. 50

续表

变量	样本数（份）	最小值	最大值	均值	标准差
GIN	416	1.40	6.80	4.16	1.71
EP	416	1.25	7.00	4.65	1.59
FP	416	1.00	6.67	4.75	1.47
GLC	416	1.00	7.00	4.23	1.48
GIC	416	1.00	7.00	4.54	1.59
GCC	416	1.00	7.00	4.63	1.57

本书借助SPSS22.0统计分析软件，采用皮尔逊相关分析法对变量进行相关性分析，结果见表4－2。从表4－2可以看出，技术知识获取与市场知识获取（$r=0.382$，$P<0.01$）、绿色创新（$r=0.354$，$P<0.01$）、企业环境绩效（$r=0.408$，$P<0.01$）以及企业经济绩效（$r=0.411$，$P<0.01$）呈显著的正相关关系，市场知识获取与绿色创新（$r=0.437$，$P<0.01$）、企业环境绩效（$r=0.447$，$P<0.01$）和企业经济绩效（$r=0.415$，$P<0.01$）呈显著的正相关关系，绿色创新与企业环境绩效（$r=0.529$，$P<0.01$）和企业经济绩效（$r=0.453$，$P<0.01$）呈显著的正相关关系，企业环境绩效与企业经济绩效（$r=0.444$，$P<0.01$）呈显著的正相关关系，绿色整合能力与绿色创新（$r=0.113$，$P<0.05$）和绿色学习能力（$r=0.120$，$P<0.05$）呈显著的正相关关系，绿色动态配置能力与绿色创新（$r=0.098$，$P<0.05$）和绿色整合能力（$r=0.168$，$P<0.01$）呈显著的正相关关系。通过相关性分析，发现各研究变量存在相关关系，在一定程度上支持了本书中提出的假设关系，可以继续采用层级回归分析验证。

表4－2　相关性分析

变量	皮尔逊相关系数										
	1	2	3	4	5	6	7	8	9	10	11
1. 企业年限	1										
2. 企业规模	0.095	1									
3. 企业所属行业	−0.684**	−0.058	1								
4. *TKA*	0.008	−0.038	−0.038	1							
5. *MKA*	−0.042	−0.005	0.011	0.382**	1						
6. *GIN*	0.018	0.017	−0.061	0.354**	0.437**	1					

续表

变量	皮尔逊相关系数										
	1	2	3	4	5	6	7	8	9	10	11
7. *EP*	-0.034	0.016	0.008	0.408 **	0.447 **	0.529 **	1				
8. *FP*	0.016	0.008	-0.046	0.411 **	0.415 **	0.453 **	0.444 **	1			
9. *GLC*	0.070	0.018	-0.014	-0.001	-0.058	0.028	0.006	-0.003	1		
10. *GIC*	-0.028	0.021	0.049	-0.070	-0.024	0.113 *	-0.001	-0.008	0.120 *	1	
11. *GCC*	0.033	-0.061	-0.002	-0.059	-0.021	0.098 *	-0.023	-0.001	0.069	0.168 **	1

注：* 表示 $P<0.05$；** 表示 $P<0.01$。

第二节 假设检验

研究假设包括自变量（技术知识获取、市场知识获取）对因变量（企业环境绩效、企业经济绩效）的主效应，也包括中介变量（绿色创新）的中介效应，还包括调节变量（绿色学习能力、绿色整合能力、绿色动态配置能力）的调节效应和有调节的中介效应，本书采用层级回归分析和 Bootstrap 法对这些假设进行检验。

一、主效应检验

H1-1 和 H1-3 分别提出技术知识获取和市场知识获取对企业环境绩效具有正向影响。为检验这两个研究假设，首先将企业环境绩效作为因变量加入回归方程，随后放进控制变量（包括企业年限、企业规模和企业所属行业），最后放进自变量（技术知识获取和市场知识获取），回归分析结果见表 4-3。从表 4-3 中模型 1 可以得知，控制变量对企业环境绩效的影响不显著；从模型 2 可以发现，技术知识获取对企业环境绩效具有显著的正向影响（$\beta=0.280$，$P<0.001$），市场知识获取对企业环境绩效具有显著的正向影响（$\beta=0.339$，$P<0.001$）。因此，H1-1 和 H1-3 均得到支持。

H1-2 和 H1-4 分别提出技术知识获取和市场知识获取对企业经济绩效具有正向影响。为检验这两个研究假设，首先将企业经济绩效作为因变量加入回归方程，随后放进控制变量（包括企业规模、企业年限和企业所属行业），最后放进自变量（技术知识获取和市场知识获取），回归分析结果见表4-3。从表4-3中模型3可以得知，控制变量对企业经济绩效无显著影响；从模型4可以发现，技术知识获取对企业经济绩效具有显著的正向影响（$\beta=0.295$，$P<0.001$），市场知识获取对企业经济绩效具有显著的正向影响（$\beta=0.303$，$P<0.001$）。因此，H1-2和H1-4均得到支持。

表4-3 主效应的回归分析结果（$N=416$）

变量	企业环境绩效		企业经济绩效	
	模型1	模型2	模型3	模型4
控制变量				
企业年限	-0.057	-0.027	-0.029	-0.001
企业规模	0.020	0.031	0.007	0.018
企业所属行业	-0.030	-0.002	-0.065	-0.038
自变量				
技术知识获取		0.280***		0.295***
市场知识获取		0.339***		0.303***
R^2	0.002	0.267	0.003	0.249
ΔR^2	-0.005	0.258	-0.005	0.240
F	0.281	29.859***	0.352	27.150***

注：*** 表示 $P<0.001$。

二、中介效应检验

本书运用层级回归分析法来对绿色创新在外部知识获取与企业绩效之间所起的中介作用进行检验（Baron & Kenny，1986）。

为检验外部知识获取对绿色创新的影响，首先将绿色创新作为因变量加入回归方程，随后放进控制变量（包括企业规模、企业年限和企业所属行业），再放进自变量（技术知识获取、市场知识获取）进行回归分析，结果见表4-4。从表4-4中模型1可以得知，企业年限对绿色创新有负向影响（$\beta=-0.047$，$P<0.01$），企业规模和企业所属行业对绿色创新没有显著影响；从模型2可

以得知，技术知识获取对绿色创新具有显著的正向影响（$\beta = 0.217$，$P < 0.001$），市场知识获取对绿色创新具有显著的正向影响（$\beta = 0.355$，$P < 0.001$）。因此，H2-1 和 H2-2 均获得支持。

为检验绿色创新对企业环境绩效的影响，首先将企业环境绩效作为因变量加入回归方程，随后放进控制变量（包括企业规模、企业年限和企业所属行业），最后放进中介变量（绿色创新）进行回归，结果见表 4－4。从表 4－4 中模型 3 和模型 4 可以得知，控制变量对企业环境绩效没有显著影响；从模型 4 可以得知，绿色创新对企业环境绩效具有显著的正向影响（$\beta = 0.531$，$P < 0.001$），H3-1 得到支持。

为检验绿色创新对企业经济绩效的影响，将企业经济绩效作为因变量加入回归方程，随后放进控制变量（包括企业规模、企业年限和企业所属行业），再放进中介变量（绿色创新）进行回归分析，结果如表 4－4 中模型 5 和模型 6 所示。从表 4－4 中模型 5 可以得知，控制变量对企业经济绩效没有显著影响；从模型 6 可以得知，绿色创新对企业经济绩效具有显著的正向影响（$\beta = 0.451$，$P < 0.001$），H3-2 得到支持。

表 4－4　外部知识获取对绿色创新、绿色创新对企业绩效的回归分析结果

变量	绿色创新		企业环境绩效		企业经济绩效	
	模型 1	模型 2	模型 3	模型 4	模型 5	模型 6
控制变量						
企业年限	-0.047^{**}	-0.018^{**}	-0.057	-0.032	-0.029	-0.008
企业规模	0.016	0.025	0.020	0.012	0.007	0.000
企业所属行业	-0.093	-0.068	-0.030	0.019	-0.065	-0.023
自变量						
技术知识获取		0.217^{***}				
市场知识获取		0.355^{***}				
中介变量						
绿色创新				0.531^{***}		0.451^{***}
R^2	0.005	0.236	0.002	0.283	0.003	0.205
ΔR^2	-0.002	0.227	-0.005	0.276	-0.005	0.198
F	0.707	25.360^{***}	0.281	40.462^{***}	0.352	26.536^{***}

注：** 表示 $P < 0.01$；*** 表示 $P < 0.001$。

为对绿色创新在外部知识获取与企业环境绩效关系间的中介效应进行检验，首先将企业环境绩效作为因变量加入回归方程，随后放进控制变量（包括企业年限、企业规模和企业所属行业），再放进自变量（技术知识获取和市场知识获取），最后放进中介变量（绿色创新）进行回归分析，结果见表4-5。从表4-5中模型2和模型3可以得知，在放进中介变量绿色创新前，技术知识获取对企业环境绩效影响显著（$\beta=0.280$，$P<0.001$），市场知识获取对企业环境绩效影响显著（$\beta=0.339$，$P<0.001$）；在放进中介变量绿色创新后，技术知识获取对企业环境绩效影响仍显著（$\beta=0.199$，$P<0.001$），但影响程度有所减弱，市场知识获取对企业环境绩效影响仍显著（$\beta=0.208$，$P<0.001$），但影响程度有所减弱；绿色创新对企业环境绩效有显著的正向影响（$\beta=0.369$，$P<0.001$）。绿色创新在技术知识获取与企业环境绩效的关系间起部分中介效应，H4-1得到支持；绿色创新在市场知识获取与企业环境绩效的关系间起部分中介效应，H4-3得到支持。

表4-5 绿色创新在外部知识获取与企业绩效之间中介效应的回归分析结果

变量	企业环境绩效			企业经济绩效		
	模型1	模型2	模型3	模型4	模型5	模型6
控制变量						
企业年限	-0.057	-0.027	-0.020	-0.029	-0.001	0.004
企业规模	0.020	0.031	0.022	0.007	0.018	0.012
企业所属行业	-0.030	-0.002	0.023	-0.065	-0.038	-0.019
自变量						
技术知识获取		0.280***	0.199***		0.295***	0.234***
市场知识获取		0.339***	0.208***		0.303***	0.204***
中介变量						
绿色创新			0.369***			0.279***
R^2	0.002	0.267	0.371	0.003	0.249	0.277
ΔR^2	-0.005	0.258	0.362	-0.005	0.240	0.268
F	0.281	29.859***	40.211***	0.352	27.150***	31.464***

注：*** 表示 $P<0.001$。

为对绿色创新在外部知识获取与企业经济绩效关系间的中介效应进行检验，首先将企业经济绩效作为因变量加入回归方程，随后放进控制变量（包括企业规模、企业年限和企业所属行业），再放进自变量（技术知识获取和市场知识获取），最后放进中介变量（绿色创新）进行回归分析，结果见表4－5。从表4－5中模型5和模型6可以得知，在放进中介变量绿色创新前，技术知识获取对企业经济绩效影响显著（$\beta=0.295$，$P<0.001$），市场知识获取对企业经济绩效影响显著（$\beta=0.303$，$P<0.001$）；在放进中介变量绿色创新后，技术知识获取对企业经济绩效影响仍显著（$\beta=0.234$，$P<0.001$），但影响程度有所减弱，市场知识获取对企业经济绩效影响仍显著（$\beta=0.204$，$P<0.001$），但影响程度有所减弱；绿色创新对企业经济绩效有显著的正向影响（$\beta=0.279$，$P<0.001$）。绿色创新在技术知识获取与企业经济绩效的关系间起部分中介效应，H4-2得到支持；绿色创新在市场知识获取与企业经济绩效的关系间起部分中介效应，H4-4得到支持。

此外，为进一步检验中介效应的显著性，本书采用SPSS22.0统计分析软件中的Process宏程序，运用拔靴法，抽样5000次，将置信度设为95%，得出检验结果，见表4－6。

表4－6　中介效应的显著性检验结果

变量关系		效应值	Boot标准误	Boot 95%置信区间	
				下限	上限
技术知识获取—绿色创新—企业环境绩效	直接效应	0.282	0.048	0.188	0.377
	间接效应	0.175	0.027	0.126	0.236
技术知识获取—绿色创新—企业经济绩效	直接效应	0.296	0.046	0.206	0.387
	间接效应	0.128	0.024	0.088	0.183
市场知识获取—绿色创新—企业环境绩效	直接效应	0.283	0.047	0.190	0.376
	间接效应	0.192	0.031	0.136	0.259
市场知识获取—绿色创新—企业经济绩效	直接效应	0.263	0.046	0.172	0.353
	间接效应	0.144	0.026	0.099	0.203

从表4－6中可以得知，技术知识获取对企业环境绩效的直接效应检验得到Boot 95%的置信区间是（0.188，0.377），未包括0，表明技术知识获取对企业环境绩效的直接效应显著；技术知识获取通过绿色创新对企业环境绩效的间接效应检验得到Boot 95%的置信区间是（0.126，0.236），也未包括0，

表明技术知识获取通过绿色创新对企业环境绩效的间接效应显著。综合以上分析，绿色创新在技术知识获取与企业环境绩效间所起的部分中介效应显著，H4-1 再次得到支持。

从表 4 - 6 中可以得知，技术知识获取对企业经济绩效的直接效应检验得到 Boot 95% 的置信区间是（0. 206，0. 387），未包括 0，表明技术知识获取对企业经济绩效的直接效应显著；技术知识获取通过绿色创新对企业经济绩效的间接效应检验得到 Boot 95% 的置信区间是（0. 088，0. 183），也未包括 0，表明技术知识获取通过绿色创新对企业经济绩效的间接效应显著。综合以上分析，绿色创新在技术知识获取与企业经济绩效间所起的部分中介效应显著，H4-2 再次得到支持。

从表 4 - 6 中可以得知，市场知识获取对企业环境绩效的直接效应检验得到 Boot 95% 的置信区间是（0. 190，0. 376），未包括 0，表明市场知识获取对企业环境绩效的直接效应显著；市场知识获取通过绿色创新对企业环境绩效的间接效应检验得到 Boot 95% 的置信区间是（0. 136，0. 259），也未包括 0，表明市场知识获取通过绿色创新对企业环境绩效的间接效应显著。综合以上分析，绿色创新在市场知识获取与企业环境绩效间所起的部分中介效应显著，H4-3 再次得到支持。

从表 4 - 6 中可以得知，市场知识获取对企业经济绩效的直接效应检验得到 Boot 95% 的置信区间是（0. 172，0. 353），未包括 0，表明市场知识获取对企业经济绩效的直接效应显著；市场知识获取通过绿色创新对企业经济绩效的间接效应检验得到 Boot 95% 的置信区间是（0. 099，0. 203），也未包括 0，表明市场知识获取通过绿色创新对企业经济绩效的间接效应显著。综合以上分析，绿色创新在市场知识获取与企业经济绩效间所起的部分中介效应显著，H4-4 再次得到支持。

三、调节效应检验

（一）绿色学习能力的调节效应

H5-1 提出绿色学习能力正向调节技术知识获取与绿色创新之间的关系，

H5-2 提出绿色学习能力正向调节市场知识获取与绿色创新之间的关系。为检验这两个研究假设，首先将绿色创新作为因变量放入回归模型，随后放进控制变量（包括企业规模、企业年限和企业所属行业）、自变量（技术知识获取、市场知识获取）、调节变量（绿色学习能力），最后放进自变量和调节变量的交互项（技术知识获取 × 绿色学习能力、市场知识获取 × 绿色学习能力）。为消除可能的多重共线性，在构建自变量与调节变量的乘积项前，分别将自变量（技术知识获取、市场知识获取）和调节变量（绿色学习能力）进行中心化处理。回归分析结果见表 4 – 7。

表 4 – 7　绿色动态能力的调节作用

变量	绿色创新							
	模型 1	模型 2	模型 3	模型 4	模型 5	模型 6	模型 7	模型 8
控制变量								
企业年限	−0.047**	−0.018	−0.019	−0.011	−0.023	−0.011	−0.026	−0.027
企业规模	0.016	0.025	0.022	0.026	0.024	0.024	0.033	0.024
企业所属行业	−0.093	−0.068	−0.075	−0.058	−0.071	−0.065	−0.073	−0.074
自变量								
TKA		0.217***	0.226***	0.344***	0.216***	0.210***	0.224***	0.197***
MKA		0.355***	0.355***	0.209***	0.358***	0.347***	0.354***	0.342***
调节变量								
GLC			0.139**	0.137**				
GIC					0.049	0.026		
GCC							0.121**	0.125**
交互项								
TKA × *GLC*				0.067				
MKA × *GLC*				0.113*				
TKA × *GIC*						0.124*		
MKA × *GIC*						0.116*		
TKA × *GCC*								0.110*
MKA × *GCC*								0.106*

续表

变量	绿色创新							
	模型1	模型2	模型3	模型4	模型5	模型6	模型7	模型8
R^2	0.005	0.236	0.256	0.279	0.339	0.279	0.251	0.283
ΔR^2	-0.002	0.227	0.245	0.265	0.227	0.265	0.240	0.265
F	0.707	25.360***	23.397***	19.711***	21.359***	19.730***	22.803***	20.060***

注：* 表示 $P<0.05$；** 表示 $P<0.01$；*** 表示 $P<0.001$。

从表4-7中模型4可以得知，绿色学习能力与技术知识获取的交互项对绿色创新没有显著的正向影响（$\beta=0.067$，$P>0.05$），无法证明绿色学习能力对技术知识获取与绿色创新之间的关系具有正向调节作用，H5-1未能得到支持；绿色学习能力与市场知识获取的交互项对绿色创新有显著的正向影响（$\beta=0.113$，$P<0.05$），绿色学习能力对市场知识获取与绿色创新之间的关系具有正向调节作用，H5-2得到支持。

为了更直观地表达绿色学习能力在外部知识获取与绿色创新关系之间的调节作用，分别将绿色学习能力取高于平均值一个标准差和低于平均值一个标准差进行回归，并绘制调节作用图（见图4-1）。由图4-1可知，当绿色学习能力较强时，市场知识获取与绿色创新之间的正向关系比较明显；当绿色学习能力较弱时，市场知识获取与绿色创新之间的正向关系变得平缓。这表明当绿色学习能力较强时市场知识获取与绿色创新之间的关系更强。

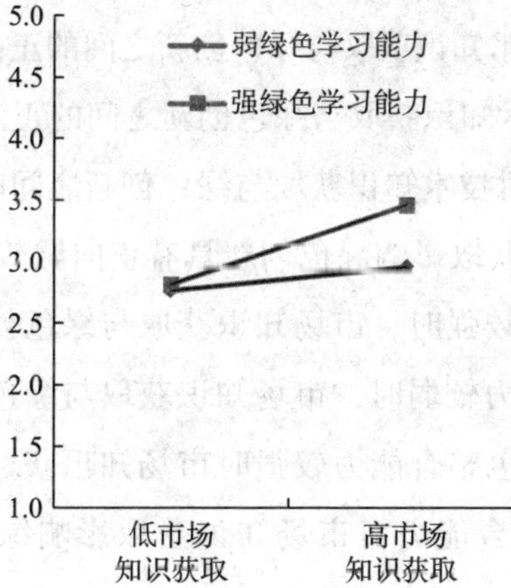

图4-1　绿色学习能力在市场知识获取与绿色创新关系之间的调节作用

（二）绿色整合能力的调节效应

H5-3 提出绿色整合能力对技术知识获取与绿色创新之间的关系具有正向调节作用，H5-4 提出绿色整合能力对市场知识获取与绿色创新之间的关系具有正向调节作用。为检验以上假设，首先将企业绿色创新作为因变量放入回归模型，随后逐步放进控制变量（企业规模、企业年限和企业所属行业）、自变量（技术知识获取、市场知识获取）、调节变量（绿色整合能力），最后放进自变量和调节变量的交互项（技术知识获取×绿色整合能力、市场知识获取×绿色整合能力）。为消除可能的多重共线性，在构建自变量与调节变量的乘积项前，将自变量（技术知识获取、市场知识获取）和调节变量（绿色整合能力）进行中心化处理。回归分析结果见表 4 – 7。从表 4 – 7 中模型 6 可以看出，绿色整合能力与技术知识获取的交互项对绿色创新有显著的正向影响（$\beta = 0.124$，$P < 0.05$），绿色整合能力与市场知识获取的交互项对绿色创新有显著的正向影响（$\beta = 0.116$，$P < 0.05$）。因此，绿色整合能力正向调节了技术知识获取与绿色创新之间的积极关系，正向调节了市场知识获取与绿色创新之间的积极关系，H5-3和 H5-4 得到支持。

为了更直观地表达绿色整合能力在外部知识获取与绿色创新之间的调节作用，对绿色整合能力取高于平均值一个标准差和低于平均值一个标准差，分别进行回归，并绘制调节作用图（见图 4 – 2）。由图 4 – 2（a）可知，当绿色整合能力较强时，技术知识获取与绿色创新之间的正向关系比较明显；当绿色整合能力较弱时，技术知识获取与绿色创新之间的正向关系变得平缓。这表明当绿色整合能力较高时技术知识获取与绿色创新之间的关系更强。因此，绿色整合能力对技术知识获取影响绿色创新具有正向调节作用。由图 4 – 2（b）可知，当绿色整合能力较强时，市场知识获取与绿色创新之间的正向关系比较明显；当绿色整合能力较弱时，市场知识获取与绿色创新之间的正向关系变得平缓。这表明当绿色整合能力较强时市场知识获取与绿色创新之间的关系更强。因此，绿色整合能力对市场知识获取影响绿色创新具有正向调节作用。

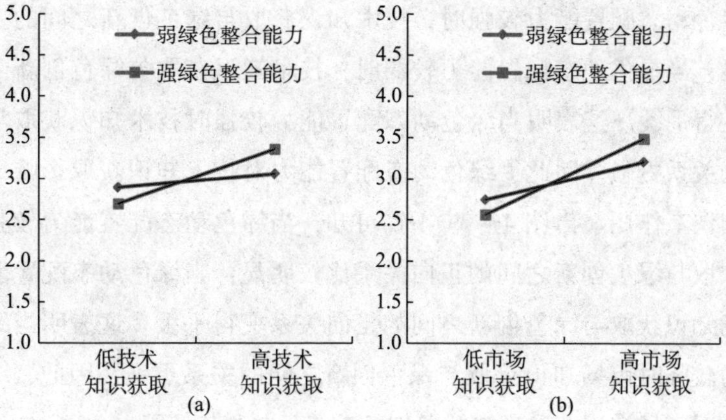

图4－2　绿色整合能力在外部知识获取与绿色创新关系之间的调节作用

（三）绿色动态配置能力的调节效应

H5-5 提出绿色动态配置能力正向调节技术知识获取与绿色创新之间的关系，H5-6 提出绿色动态配置能力正向调节市场知识获取与绿色创新之间的关系。为检验这两个研究假设，首先将绿色创新作为因变量放入回归模型，随后逐步放进控制变量（企业规模、企业年限和企业所属行业）、自变量（技术知识获取、市场知识获取）、调节变量（绿色动态配置能力），最后放进自变量和调节变量的交互项（技术知识获取 × 绿色动态配置能力、市场知识获取 × 绿色动态配置能力）。为消除可能的多重共线性，在构建自变量与调节变量的乘积项前，将自变量（技术知识获取、市场知识获取）和调节变量（绿色动态配置能力）进行中心化处理，回归分析结果见表4－7。从表4－7中模型8可以看出，绿色动态配置能力与技术知识获取的交互项对绿色创新有显著的正向影响（$\beta=0.110$，$P<0.05$），绿色动态配置能力与市场知识获取的交互项对绿色创新有显著的正向影响（$\beta=0.106$，$P<0.05$）。因此，绿色动态配置能力正向调节了技术知识获取与绿色创新之间的积极关系，且正向调节了市场知识获取与绿色创新之间的积极关系，H5-5 和 H5-6 得到支持。

为了更直观地表达绿色动态配置能力在外部知识获取与绿色创新关系之间的调节作用，分别取绿色动态配置能力高于平均值一个标准差和低于平均值一个标准差进行回归，并绘制调节作用图（见图4－3）。由图4－3（a）可知，当绿色动态配置能力较强时，技术知识获取与绿色创新之间的正向关系比较明显；当绿色动态配置能力较弱时，技术知识获取与绿色创新之间的正向关系变得平缓。这表明当绿色动态配置能力较强时技术知识获取与绿色创新之间的关系更强。因此，绿色动态配置能力对技术知识获取影响绿色创新具有正向调节作用。由图 4－3（b）可知，当绿色动态配置能力较强时，市场知识获取与绿色创新之间的正向关系比较明显；当绿色动态配置能力较弱时，市场知识获取与绿色创新之间的正向关系变得平缓。这表明当绿色动态配置能力较强时市场知识获取与绿色创新之间的关系更强。因此，绿色动态配置能力对市场知识获取影响绿色创新具有正向调节作用。

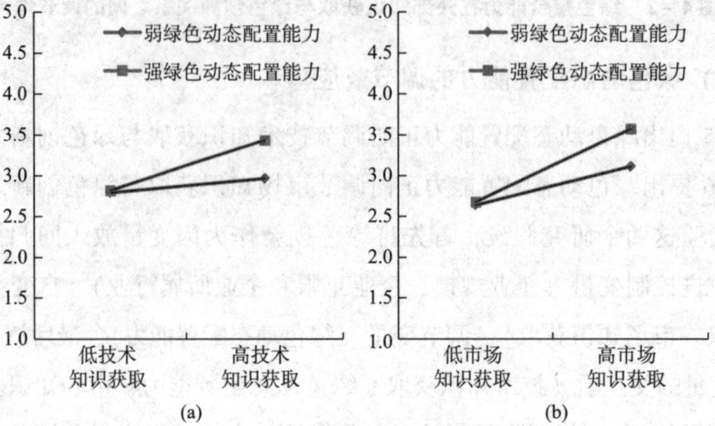

图 4－3　绿色动态配置能力在外部知识获取与绿色创新关系之间的调节作用

四、有调节的中介效应检验

根据 Hayes（2015）提出的有调节的中介效应检验方法，本书借助 SPSS22.0 统计分析软件中的 Process 宏程序，运用拔靴法，抽样 5000 次，将置信度设为 95%。

H6-1 ~ H6-4 提出，绿色学习能力会增强绿色创新在外部知识获取与企业绩效之间的中介效应，为验证这 4 个假设，采用拔靴法，分析在不同绿色学习能力下绿色创新在外部知识获取与企业绩效之间的中介效应。拔靴法分析结果见表 4－8。

表4-8 绿色创新在不同绿色学习能力水平上的中介效应

中介效应	绿色学习能力	效应值	Boot 标准误	Boot 95%置信区间	
				下限	上限
绿色创新在技术知识获取与企业环境绩效之间的中介效应	弱	0.069	0.035	0.004	0.141
	中	0.274	0.025	0.128	0.228
	强	0.279	0.038	0.209	0.363
	有调节的中介指数	0.071	0.018	0.039	0.109
绿色创新在技术知识获取与企业经济绩效之间的中介效应	弱	0.051	0.028	0.001	0.110
	中	0.127	0.023	0.087	0.179
	强	0.203	0.036	0.139	0.274
	有调节的中介指数	0.051	0.015	0.026	0.083
绿色创新在市场知识获取与企业环境绩效之间的中介效应	弱	0.104	0.032	0.047	0.173
	中	0.191	0.030	0.137	0.257
	强	0.279	0.042	0.203	0.370
	有调节的中介指数	0.059	0.015	0.032	0.092
绿色创新在市场知识获取与企业经济绩效之间的中介效应	弱	0.076	0.022	0.037	0.124
	中	0.142	0.026	0.093	0.196
	强	0.208	0.041	0.132	0.296
	有调节的中介指数	0.044	0.014	0.024	0.079

注：中值代表绿色学习能力的均值，高值、低值分别代表高于和低于绿色学习能力均值的一个标准差。

从表4-8中可以看出，在绿色学习能力较强时，技术知识获取通过绿色创新对企业环境绩效的间接影响（$\beta=0.279$，95%置信区间=［0.209，0.363］）比绿色学习能力较弱时（$\beta=0.069$，95%置信区间=［0.004，0.141］）增强；有调节的中介指数是正向显著的（*Index*=0.071，95%置信区间=［0.039，0.109］）。这表明绿色学习能力越强，绿色创新在技术知识获取与企业环境绩效之间所起的中介效应越强，即绿色学习能力会增强绿色创新在技术知识获取与企业环境绩效之间的中介效应，H6-1得到支持。

从表4-8中可以看出，在绿色学习能力较强时，技术知识获取通过绿色创新对企业经济绩效的间接影响（$\beta=0.203$，95%置信区间=［0.139，0.274］）比绿色学习能力较弱时（$\beta=0.051$，95%置信区间=［0.001，0.110］）更强；有调节的中介指数是正向显著的（*Index*=0.051，95%置信区间=［0.026，

0.083])。这表明绿色学习能力越强，绿色创新在技术知识获取与企业经济绩效之间所起的中介效应越强，即绿色学习能力会增强绿色创新在技术知识获取与企业经济绩效之间的中介效应，H6-2 得到支持。

从表 4－8 中可以看出，在绿色学习能力较强时，市场知识获取通过绿色创新对企业环境绩效的间接影响（β = 0.279，95% 置信区间 = [0.203，0.370]）比绿色学习能力较弱时（β = 0.104，95% 置信区间 = [0.047，0.173]）更强；有调节的中介指数是正向显著的（*Index* = 0.059，95% 置信区间 = [0.032，0.092]）。这表明绿色学习能力越强，绿色创新在市场知识获取与企业环境绩效之间所起的中介效应越强，即绿色学习能力会增强绿色创新在市场知识获取与企业环境绩效之间的中介效应，H6-3 得到支持。

从表 4－8 中可以看出，在绿色学习能力较强时，市场知识获取通过绿色创新对企业经济绩效的间接影响（β = 0.208，95% 置信区间 = [0.132，0.296]）比绿色学习能力较弱时（β = 0.076，95% 置信区间 = [0.037，0.124]）更强；有调节的中介指数是正向显著的（*Index* = 0.044，95% 置信区间 = [0.024，0.079]）。这表明绿色学习能力越强，绿色创新在市场知识获取与企业经济绩效之间所起的中介效应越强，即绿色学习能力会增强绿色创新在市场知识获取与企业经济绩效之间的中介效应，H6-4 得到支持。

H6-5～H6-8 提出，绿色整合能力会增强绿色创新在外部知识获取与企业绩效之间的中介效应，为验证这 4 个假设，采用拔靴法，分析在不同绿色整合能力下绿色创新在外部知识获取与企业绩效之间的中介效应。拔靴法分析结果见表 4－9。

表 4－9　绿色创新在不同绿色整合能力水平上的中介效应

中介效应	绿色整合能力	效应值	Boot 标准误	Boot 95% 置信区间	
				上限	下限
绿色创新在技术知识获取与企业环境绩效之间的中介效应	弱	0.097	0.034	0.029	0.163
	中	0.169	0.026	0.124	0.228
	强	0.242	0.036	0.178	0.321
	有调节的中介指数	0.046	0.015	0.020	0.079

续表

中介效应	绿色整合能力	效应值	Boot 标准误	Boot 95%置信区间	
				上限	下限
绿色创新在技术知识获取与企业经济绩效之间的中介效应	弱	0.071	0.026	0.018	0.127
	中	0.123	0.022	0.085	0.177
	强	0.176	0.030	0.129	0.248
	有调节的中介指数	0.033	0.011	0.015	0.059
绿色创新在市场知识获取与企业环境绩效之间的中介效应	弱	0.114	0.035	0.051	0.188
	中	0.187	0.031	0.133	0.254
	强	0.260	0.040	0.189	0.346
	有调节的中介指数	0.046	0.013	0.024	0.076
绿色创新在市场知识获取与企业经济绩效之间的中介效应	弱	0.087	0.024	0.044	0.142
	中	0.139	0.025	0.093	0.196
	强	0.192	0.037	0.124	0.271
	有调节的中介指数	0.033	0.012	0.013	0.058

注：中值代表绿色整合能力的均值，高值、低值分别代表高于和低于绿色整合能力均值的一个标准差。

从表4－9中可以看出，在绿色整合能力较强时，技术知识获取通过绿色创新对企业环境绩效的间接影响（$\beta=0.242$，95%置信区间＝［0.178，0.321］）比绿色整合能力较弱时（$\beta=0.097$，95%置信区间＝［0.029，0.163］）更强；有调节的中介指数是正向显著的（*Index*＝0.046，95%置信区间＝［0.020，0.079］）。这表明绿色整合能力越强，绿色创新在技术知识获取与企业环境绩效之间所起的中介效应越强，即绿色整合能力会增强绿色创新在技术知识获取与企业环境绩效之间的中介效应，H6-5得到支持。

从表4－9中可以看出，在绿色整合能力较强时，技术知识获取通过绿色创新对企业经济绩效的间接影响（$\beta=0.176$，95%置信区间＝［0.129，0.248］）比绿色整合能力较弱时（$\beta=0.071$，95%置信区间＝［0.018，0.127］）更强；有调节的中介指数是正向显著的（*Index*＝0.033，95%置信区间＝［0.015，0.059］）。这表明绿色整合能力越强，绿色创新在技术知识获取与企业经济绩效之间所起的中介效应越强，即绿色整合能力会增强绿色创新在技术知识获取与企业经济绩效之间的中介效应，H6-6得到支持。

从表 4－9 中可以看出，在绿色整合能力较强时，市场知识获取通过绿色创新对企业环境绩效的间接影响（$\beta=0.260$，95% 置信区间 =［0.189，0.346］）比绿色整合能力较弱时（$\beta=0.114$，95% 置信区间 =［0.051，0.188］）更强；有调节的中介指数是正向显著的（*Index* =0.046，95% 置信区间 =［0.024，0.076］）。这表明绿色整合能力越强，绿色创新在市场知识获取与企业环境绩效之间所起的中介效应越强，即绿色整合能力会增强绿色创新在市场知识获取与企业环境绩效之间的中介效应，H6-7 得到支持。

从表 4－9 中可以看出，在绿色整合能力较强时，市场知识获取通过绿色创新对企业经济绩效的间接影响（$\beta=0.192$，95% 置信区间 =［0.124，0.271］）比绿色整合能力较弱时（$\beta=0.087$，95% 置信区间 =［0.044，0.142］）更强；有调节的中介指数是正向显著的（*Index* =0.033，95% 置信区间 =［0.013，0.058］）。这表明绿色整合能力越强，绿色创新在市场知识获取与企业经济绩效之间所起的中介效应越强，即绿色整合能力会增强绿色创新在市场知识获取与企业经济绩效之间的中介效应，H6-8 得到支持。

H6-9～H6-12 提出，绿色动态配置能力会增强绿色创新在外部知识获取与企业绩效之间的中介效应，为验证这 4 个假设，采用拔靴法，分析在不同绿色动态配置能力下绿色创新在外部知识获取与企业绩效之间的中介效应。拔靴法分析结果见表 4－10。

表 4－10　绿色创新在不同绿色动态配置能力水平上的中介效应

中介效应	绿色动态配置能力	效应值	Boot 标准误	Boot 95%置信区间	
				上限	下限
绿色创新在技术知识获取与企业环境绩效之间的中介效应	弱	0.075	0.037	0.001	0.145
	中	0.164	0.027	0.117	0.221
	强	0.253	0.036	0.186	0.328
	有调节的中介指数	0.057	0.016	0.028	0.090
绿色创新在技术知识获取与企业经济绩效之间的中介效应	弱	0.054	0.027	0.001	0.106
	中	0.119	0.023	0.079	0.166
	弱	0.185	0.033	0.126	0.259
	有调节的中介指数	0.042	0.013	0.021	0.071

续表

中介效应	绿色动态配置能力	效应值	Boot 标准误	Boot 95%置信区间	
				上限	下限
绿色创新在市场知识获取与企业环境绩效之间的中介效应	弱	0.110	0.030	0.054	0.175
	中	0.187	0.031	0.131	0.255
	强	0.265	0.045	0.181	0.357
	有调节的中介指数	0.049	0.014	0.025	0.082
绿色创新在市场知识获取与企业经济绩效之间的中介效应	弱	0.082	0.024	0.039	0.132
	中	0.139	0.026	0.089	0.194
	强	0.197	0.037	0.118	0.269
	有调节的中介指数	0.036	0.011	0.017	0.059

注：中值代表绿色动态配置能力的均值，高值、低值分别代表高于和低于绿色动态配置能力均值的一个标准差。

从表4－10中可以看出，在绿色动态配置能力较强时，技术知识获取通过绿色创新对企业环境绩效的间接影响（β = 0.253，95%置信区间 = [0.186，0.328]）比绿色动态配置能力较弱时（β = 0.075，95%置信区间 = [0.001，0.145]）更强；有调节的中介指数是正向显著的（*Index* = 0.057，95%置信区间 = [0.028，0.090]）。这表明绿色动态配置能力越强，绿色创新在技术知识获取与企业环境绩效之间所起的中介效应越强，即绿色动态配置能力会增强绿色创新在技术知识获取与企业环境绩效之间的中介效应，H6-9得到支持。

从表4－10中可以看出，在绿色动态配置能力较强时，技术知识获取通过绿色创新对企业经济绩效的间接影响（β = 0.185，95%置信区间 = [0.126，0.259]）比绿色动态配置能力较弱时（β = 0.054，95%置信区间 = [0.001，0.106]）更强；有调节的中介指数是正向显著的（*Index* = 0.042，95%置信区间 = [0.021，0.071]）。这表明绿色动态配置能力越强，绿色创新在技术知识获取与企业经济绩效之间所起的中介效应越强，即绿色动态配置能力会增强绿色创新在技术知识获取与企业经济绩效之间的中介效应，H6-10得到支持。

从表4－10中可以看出，在绿色动态配置能力较强时，市场知识获取通过绿色创新对企业环境绩效的间接影响（$\beta=0.265$，95%置信区间 = [0.181, 0.357]）比绿色动态配置能力较弱时（$\beta=0.110$，95%置信区间 = [0.054, 0.175]）更强；有调节的中介指数是正向显著的（*Index* = 0.049，95%置信区间 = [0.025, 0.082]）。这表明绿色动态配置能力越强，绿色创新在市场知识获取与企业环境绩效之间所起的部分中介效应越强，即绿色动态配置能力会增强绿色创新在市场知识获取与企业环境绩效间的中介效应，H6-11得到支持。

从表4－10中可以看出，在绿色动态配置能力较强时，市场知识获取通过绿色创新对企业经济绩效的间接影响（$\beta=0.197$，95%置信区间 = [0.118, 0.269]）比绿色动态配置能力较弱时（$\beta=0.082$，95%置信区间 = [0.039, 0.132]）更强；有调节的中介指数是正向显著的（*Index* = 0.036，95%置信区间 = [0.017, 0.059]）。这表明绿色动态配置能力越强，绿色创新在市场知识获取与企业经济绩效之间所起的部分中介效应越强，即绿色动态配置能力会增强绿色创新在市场知识获取与企业经济绩效间的中介效应，H6-12得到支持。

通过采用层级回归分析和拔靴法对所提出的各个假设进行检验，除假设H5-1外，其他假设均得到支持，假设检验结果如表4－11所示。

表4－11　研究假设检验结果汇总

研究假设	结果
H1-1 技术知识获取对企业环境绩效具有正向影响	支持
H1-2 技术知识获取对企业经济绩效具有正向影响	支持
H1-3 市场知识获取对企业环境绩效有正向影响	支持
H1-4 市场知识获取对企业经济绩效有正向影响	支持
H2-1 技术知识获取对绿色创新有正向影响	支持
H2-2 市场知识获取对绿色创新有正向影响	支持
H3-1 绿色创新对企业环境绩效有正向影响	支持
H3-2 绿色创新对企业经济绩效有正向影响	支持
H4-1 绿色创新在技术知识获取与企业环境绩效关系间起中介作用	支持
H4-2 绿色创新在技术知识获取与企业经济绩效关系间起中介作用	支持

续表

研究假设	结果
H4-3 绿色创新在市场知识获取与企业环境绩效关系间起中介作用	支持
H4-4 绿色创新在市场知识获取与企业经济绩效关系间起中介作用	支持
H5-1 绿色学习能力正向调节技术知识获取与绿色创新之间的关系	不支持
H5-2 绿色学习能力正向调节市场知识获取与绿色创新之间的关系	支持
H5-3 绿色整合能力正向调节技术知识获取与绿色创新之间的关系	支持
H5-4 绿色整合能力正向调节市场知识获取与绿色创新之间的关系	支持
H5-5 绿色动态配置能力正向调节技术知识获取与绿色创新之间的关系	支持
H5-6 绿色动态配置能力正向调节市场知识获取与绿色创新之间的关系	支持
H6-1 绿色学习能力能强化绿色创新在技术知识获取与企业环境绩效间的中介效应	支持
H6-2 绿色学习能力能强化绿色创新在技术知识获取与企业经济绩效间的中介作用	支持
H6-3 绿色学习能力能加强绿色创新在市场知识获取与企业环境绩效间的中介效应	支持
H6-4 绿色学习能力能加强绿色创新在市场知识获取与企业经济绩效间的中介作用	支持
H6-5 绿色整合能力能强化绿色创新在技术知识获取与企业环境绩效间的中介效应	支持
H6-6 绿色整合能力能强化绿色创新在技术知识获取与企业经济绩效间的中介作用	支持
H6-7 绿色整合能力能加强绿色创新在市场知识获取与企业环境绩效间的中介效应	支持
H6-8 绿色整合能力能加强绿色创新在市场知识获取与企业经济绩效间的中介作用	支持
H6-9 绿色动态配置能力能强化绿色创新在技术知识获取与企业环境绩效间的中介效应	支持
H6-10 绿色动态配置能力能强化绿色创新在技术知识获取与企业经济绩效间的中介作用	支持
H6-11 绿色动态配置能力能加强绿色创新在市场知识获取与企业环境绩效间的中介效应	支持
H6-12 绿色动态配置能力能加强绿色创新在市场知识获取与企业经济绩效间的中介作用	支持

第三节 本章小结

本章进行了描述性统计分析，采用了层级回归分析和拔靴法检验研究假设。本书所提出的研究假设包括主效应、中介效应、调节效应和有调节的中介效应共30个，其中有29个通过检验获得支持，有1个未通过检验。检验结果表明：①技术知识获取对企业环境绩效和企业经济绩效具有正向影响；②市场知识获取对企业环境绩效和企业经济绩效具有正向影响；③外部知识获取对绿色创新具有正向影响；④绿色创新在外部知识获取与企业绩效的关系中起部分中介作用；⑤绿色学习能力在市场知识获取与绿色创新的关系中起正向调节作用，并且绿色学习能力能够增强绿色创新在外部知识获取与企业绩效之间的中介效应；⑥绿色整合能力在外部知识获取与绿色创新的关系中起正向调节作用，并且绿色整合能力能够增强绿色创新在外部知识获取与企业绩效之间的中介效应；⑦绿色动态配置能力在外部知识获取与绿色创新的关系中起正向调节作用，并且绿色动态配置能力能够增强绿色创新在外部知识获取与企业绩效之间的中介作用；⑧“绿色学习能力正向调节技术知识获取与绿色创新之间的关系”未通过检验。

第五章　结果讨论与管理启示

第四章对各研究假设进行了检验，本章将对检验结果进行具体论述，通过与已有相关文献进行对比分析明确本书的理论贡献，对与假设不一致的结果产生的原因尝试从不同角度作出解释，为政府和企业管理者提供管理对策和建议。

第一节　结果讨论

在知识经济时代，企业日益重视知识资源在竞争优势方面的重要性。随着产品生命周期越来越短，知识可能会迅速过时，企业对外部知识的获取和利用已被确定为实现创新和绩效的重要因素。本书在开放式创新和可持续发展的双重背景下，立足资源基础理论和动态能力理论，从绿色创新和绿色动态能力的视角构建了“外部知识获取—绿色创新—企业绩效”的理论模型，提出了相应的假设，通过问卷调查收集了416份有效数据，先后进行了偏差分析、信效度检验和相关性分析等，并运用层级回归分析和拔靴法对研究假设进行了检验，厘清了外部知识获取影响企业绩效的作用机理。研究结果如下。

一、外部知识获取对企业绩效有正向影响

企业绩效可分为经济绩效和非经济绩效两个方面。企业非经济绩效涉及多个方面，随着可持续发展理念的不断深化，在衡量企业的非经济绩效时有必要关注企业在减少污染、节约资源等方面取得的成果，即企业环境绩效。企业不仅要创造经济利润，还要承担环保责任，减少能源的使用和污染物的

排放，提高企业的环境绩效。鉴于企业环境绩效是可持续发展背景下衡量企业绩效的重要方面，本书涉及的企业绩效包括企业环境绩效和企业经济绩效。根据知识性质的不同，将外部知识获取划分为技术知识获取和市场知识获取。本书提出了技术知识获取正向影响企业环境绩效（H1-1）和企业经济绩效（H1-2）、市场知识获取正向影响企业环境绩效（H1-3）和企业经济绩效（H1-4）的4个假设，并运用层级回归分析对这4个研究假设进行检验，结果表明技术知识获取能够正向影响企业环境绩效（$\beta=0.280$，$P<0.001$）和企业经济绩效（$\beta=0.295$，$P<0.001$），H1-1和H1-2得到支持；市场知识获取对企业环境绩效具有显著的正向影响（$\beta=0.339$，$P<0.001$）、对企业经济绩效也具有显著的正向影响（$\beta=0.303$，$P<0.001$），H1-3和H1-4得到支持。

本书与以往研究存在的差异表现为，本研究不仅发现了企业外部知识获取对企业绩效具有积极的影响，还通过将技术知识获取和市场知识获取纳入同一框架，弥补了以往研究侧重技术知识而忽视市场知识的局限，细化并推进了对外部知识获取领域的研究。

以往文献较多关注了企业获取外部知识对企业绩效的影响，但研究结论仍存在不一致性。例如，一些学者认为企业通过强关联的关系网络可能会获取其他企业已有的信息，这会导致企业在获取知识方面无法获得收益的提升（Presutti et al.，2007）。而另一些学者则认为，企业通过从供应商那里获取知识（Li et al.，2010）、从联盟经验中学习知识（Otto，2012），以及企业间的结构性网络嵌入获取有偿知识均能对企业的绩效产生积极影响（崔海云和魏国辰，2017）。本书探讨了外部知识获取对企业绩效的影响，在实证上补充了知识获取领域的研究内容。

本书验证了外部知识获取对企业经济绩效的积极影响，这一结果与Yoon等和Zheng等的研究一致。Yoon等（2016）的研究表明，外部资源为企业提供了更有效的创新激励和创新能力，有助于企业的可持续增长；Zheng等（2014）提出，企业通过获取和吸收外部知识，能够针对现有问题提出新的解决方案，并发现进一步发展的机会，从而获得潜在的竞争优势。

以往关于外部知识获取的研究大多聚焦于企业经济绩效，而忽视了企业的非经济绩效特别是企业环境绩效，本书与以往研究的差异在于验证了外部知识获取对企业环境绩效的积极作用，并在可持续发展理念不断深化的背景下，将企业经济绩效和企业环境绩效同时作为结果变量，论证了外部知识获取对企业经济绩效和企业环境绩效的影响。本书不仅将企业外部知识获取的研究扩展到环境管理的研究领域，还为企业实现“环境—经济”的双赢提供了重要的理论参考。

二、绿色创新的中介作用

基于资源基础理论，笔者认为绿色创新在外部知识获取与企业绩效的关系中具有中介作用，提出了外部知识获取影响绿色创新、绿色创新影响企业绩效以及绿色创新在外部知识获取与企业绩效之间起中介作用的研究假设，并实证检验了这些假设。

（一）外部知识获取对绿色创新有显著的正向影响

首先，技术知识获取对绿色创新具有显著的正向影响（$\beta = 0.217$，$P < 0.001$）；其次，市场知识获取对绿色创新具有显著正向影响（$\beta = 0.355$，$P < 0.001$）。H2-1 和 H2-2 得到支持。类似地，以往学者关于开放式创新的相关研究强调企业能够通过与外部机构进行交流和互动增强组织创新能力（Greco et al.，2015）；Laursen 等（2012）发现，企业开展外部知识获取已成为创新取得成功的关键；Xie 等（2018）的研究指出，组织间知识获取是企业获得关键技术知识和进行创新的重要战略；Van（2014）的研究表明，组织学习是成功实施清洁生产的一个关键因素，并重点强调了混合学习方法和利用供应链网络学习的重要性。在技术知识方面，有研究明确了企业的外部技术研发（R&D）合作是其创新绩效的决定性因素（Rarida et al.，2012）。在市场知识方面，以往研究指出了市场知识对于企业创新的重要性，如 Burak（2018）的研究发现市场知识与企业创新和企业的成功有积极的关联；McKelvie 和 Brattstro（2018）的研究表明，外部市场知识获取的力度与新创企业的风险创新有关；Zhou 和 Bingxin（2012）的研究认为，当企业研发以市场为中心时，

企业的知识获取对创新的作用更有效。

以往相关研究大多集中于企业的一般创新，较少考察企业外部知识获取对绿色创新的影响。本书的一个重要贡献是在可持续发展背景下验证了企业外部知识获取能够积极作用于绿色创新，促进了外部知识获取相关研究和绿色创新相关研究的结合。

（二）绿色创新对企业绩效有显著正向影响

首先，绿色创新对企业环境绩效具有显著的正向影响（$\beta=0.531$，$P<0.001$）；其次，绿色创新对企业经济绩效具有显著的正向影响（$\beta=0.451$，$P<0.001$）。H3-1 和 H3-2 得到支持。以往文献中学者们运用案例研究和计量经济学方法探讨绿色实践与企业绩效间的关系，但研究结果存在不一致性。传统经济学观点认为所有解决环境问题的做法都会让企业增加外部成本和进行额外支出，如波特假说指出，那些减少污染或消除浪费的行为不仅不会削弱反而能增强企业竞争力（Porter & Van，1995）；生态现代化理论指出，企业开展绿色创新不仅能实现环境和经济方面的绩效，还能实现环境友好型社会（Zhu et al.，2012）；Cai 和 Zhou（2012）提出了绿色创新是提供商业价值的战略，有助于降低环境成本和影响，实现可持续发展；Li 等（2017）发现，企业绿色创新不仅是获得核心竞争优势的重要战略，同时也是企业保持自身环境合法性的必然选择；Cai 和 Li（2018）指出，绿色创新战略可以提高资源利用效率、节约原材料以及在符合环境法规的情况下降低企业的污染惩罚成本；Xie 等（2019）的研究发现，绿色工艺创新和绿色产品创新可以改善企业的财务绩效。

目前大多数研究以发达国家的企业为研究对象，实证结果未必与发展中国家一致，本书的贡献在于以新兴经济背景下的中国企业为研究对象，证实绿色创新能积极改善企业环境绩效和企业经济绩效，深化了波特假说和生态现代化理论。

（三）绿色创新在外部知识获取对企业绩效的影响中起部分中介作用

绿色创新在技术知识获取与企业环境绩效的关系中起部分中介作用，在技术知识获取与企业经济绩效的关系中起部分中介作用，在市场知识获取与企业环境绩效的关系中起部分中介作用，在市场知识获取与企业经济绩效的关系中起部分中介作用。这说明绿色创新是外部知识获取与企业绩效之间的重要桥梁，企业外部知识获取不仅可以直接作用于企业绩效，还可以通过绿色创新间接作用于企业绩效。企业的技术知识和市场知识外部获得可以通过两种途径提升企业绩效：一方面，外部知识可以作为企业保持竞争优势的最有价值的资源，增强企业识别和把握机会的潜力，直接提升企业环境绩效和企业经济绩效；另一方面，外部知识可以通过整合和应用于绿色产品和绿色服务的开发，促进企业发掘绿色创新商机和实现绿色创新探索，进而实现向企业环境绩效和企业经济绩效的间接转化。

先前有研究探讨“知识—绩效”间的中介因素，例如，Lee 和 Choi（2003）指出，企业获取的知识可以通过组织创造性影响企业绩效；Ahn 和 Chang（2004）指出，企业获取的知识可以通过产品创新和过程创新影响企业绩效；江旭等（2008）指出，企业外部知识获取通过新产品开发影响企业绩效。然而，鲜有文献揭示绿色创新在外部知识获取与企业绩效之间的中介作用。此外，相关研究中企业绩效大多集中于企业经济绩效，因而与本书存在一定的差异。因此，本书又一个理论贡献是从绿色创新角度切入外部知识获取对企业绩效的影响过程，将绿色创新引入外部知识获取对企业绩效的理论模型中，证实了外部知识获取通过绿色创新改善企业环境绩效和提升企业经济绩效的影响机理。这不仅有助于解释两种类型的外部知识获取如何影响企业经济绩效和企业环境绩效，还弥补了先前文献在外部知识获取影响企业绩效关系中对绿色创新这一因素的忽视。

三、绿色动态能力的调节作用

结合理论研究和企业管理实践来看，研究企业外部知识获取与企业绩效的关系时有必要考察组织的情境因素，尤其是在复杂多变的市场环境下企业动态能力所起的调节作用。动态能力能够升级和重构企业的核心能力以应对不断变化的环境，从而获得竞争优势。本书在外部知识获取影响企业绩效的理论模型中引入了绿色动态能力作为情境因素，认为绿色动态能力会在外部知识获取对绿色创新的影响关系中起调节作用，在外部知识获取通过绿色创新对企业绩效的间接影响中起调节作用，实证研究的结果除 H5-1 外，其他假设均得到支持。

（一）研究结果未发现绿色学习能力在技术知识获取与绿色创新的关系中起正向调节作用（$\beta=0.067$，$P>0.05$），H5-1 未得到支持

笔者认为有以下两个原因：

第一个原因可能与绿色学习的类型有关。不同的学习类型在企业技术知识获取转化为绿色创新的过程中可能发挥不同的作用，正如有研究所指出的那样，企业探索性学习有利于创新，而过分关注利用性学习则无法促进创新甚至可能会对创新产生负向影响（Wang et al.，2015）。绿色创新通常跨越多个技术领域，需要整合多种来源的技术知识进行快速且持续的开发创造，企业在发挥绿色学习能力的过程中，如果过多地侧重利用性学习而忽视探索性学习，则可能造成企业对技术知识的高度模仿和适应，并陷入“惯性”陷阱，难以有效实现绿色创新。

第二个原因可能与技术知识的广度和深度有关。有研究表明，组织创新受外部知识获取的深度和广度的影响，如果技术知识的广度过宽，可能会造成大量的想法无法被充分地整合和利用；如果技术知识的深度过深，则可能在某些特定的领域造成企业的认知障碍（金昕和陈松，2015），因此，绿色学习能力在发挥作用的过程中可能受企业从外部获取技术知识的广度和深度的影响，导致难以将技术知识获取有效转化为绿色创新。以上两个原因可能造成绿色学习能力在技术知识获取与绿色创新间的调节作用未获得支持。

研究表明，绿色学习能力在市场知识获取与绿色创新的关系中起正向调节作用（$\beta=0.113$，$P<0.05$），H5-2 得到支持，表明企业的绿色学习能力能增强市场知识获取与绿色创新之间的积极关系。该结论印证了 Teece（2007）的观点，即，如果企业发现有新的市场机会，就需要通过学习新的知识和技能，才能改进现有的运营能力。研究结果未发现绿色学习能力在技术知识获取与绿色创新之间的调节作用，但证实了绿色学习能力在市场知识获取与绿

色创新之间的正向调节作用。

研究结果表明，绿色学习能力对外部知识获取影响企业绩效过程中绿色创新的中介作用产生正向调节作用。具体地，绿色学习能力能够增强绿色创新在技术知识获取与企业环境绩效之间的中介效应、技术知识获取与企业经济绩效之间的中介效应、市场知识获取与企业环境绩效之间的中介效应以及市场知识获取与企业经济绩效之间的中介效应。研究证实了绿色学习能力在外部知识获取通过绿色创新对企业绩效间接影响过程中所起的正向调节作用。

（二）研究表明，绿色整合能力正向调节外部知识获取与绿色创新的关系

首先，绿色整合能力在技术知识获取与绿色创新的关系中起正向调节作用（$\beta=0.124$，$P<0.05$），H5-3 得到支持；其次，绿色整合能力在市场知识获取与绿色创新的关系中起正向调节作用（$\beta=0.116$，$P<0.05$），H5-4 得到支持。该结论印证了 King 和 Tucci（1999）、Deeds 等（2000）的研究观点。King 和 Tucci（1999）的研究发现，企业对市场历史经验的整合可以增加企业探索新市场的潜能。Deeds 等（2000）对新生物技术企业的研究发现，企业对行业相关技术的整合是企业的关键动态能力，有助于企业成功推动新产品开发。研究结果表明绿色整合能力在企业绿色创新过程中具有重要作用。

研究发现，绿色整合能力正向调节外部知识获取影响企业绩效过程中绿色创新的中介作用：绿色整合能力能够增强绿色创新在技术知识获取与企业环境绩效之间的中介效应、技术知识获取与企业经济绩效之间的中介效应、市场知识获取与企业环境绩效之间的中介效应以及市场知识获取与企业经济绩效之间的中介效应。检验结果证实了绿色整合能力在外部知识获取通过绿色创新对企业绩效间接影响过程中所起的正向调节作用。

（三）研究表明绿色动态配置能力正向调节外部知识获取与绿色创新的关系

首先，绿色动态配置能力在技术知识获取与绿色创新的关系中起正向调节作用（$\beta=0.110$，$P<0.05$），H5-5 得到支持；其次，绿色动态配置能力在市场知识获取与绿色创新的关系中起正向调节作用（$\beta=0.106$，$P<0.05$），

H5-6 得到支持。该结论支持了 Newbert（2005）和 Lavie（2006）的研究观点。Newbert（2005）指出，企业对资源的获取和配置能力是新创企业组建过程中最重要的两个方面。Lavie（2006）提出了一种能力重组模型，指出企业可以通过改变、获取和丢弃资源等方式改进业务范围，且企业对资源的配置能力有助于技术的变革和更新。

研究发现，绿色动态配置能力对外部知识获取影响企业绩效过程中绿色创新的中介作用具有正向调节作用：绿色动态配置能力能够增强绿色创新在技术知识获取与企业环境绩效之间的中介效应、技术知识获取与企业经济绩效之间的中介效应、市场知识获取与企业环境绩效之间的中介效应、市场知识获取与经济绩效之间的中介效应。

四、控制变量的作用

企业的背景信息（企业规模、企业年限和企业所属行业）会影响企业绿色创新和企业绩效，因此，本书将企业年限、企业规模和企业所属行业设定为控制变量，考察其对研究变量影响的差异性。

层级回归分析结果表明，企业年限对绿色创新有显著的负向影响（$\beta=-0.047$，$P<0.01$），但对技术知识获取、市场知识获取、绿色学习能力、绿色整合能力和绿色动态配置能力、企业环境绩效和企业经济绩效没有显著影响；企业规模差异对外部知识获取、绿色创新、绿色动态能力和企业绩效等研究变量没有显著影响；企业所属行业对企业外部知识获取、绿色动态能力、绿色创新和企业绩效等主要研究变量没有显著影响。

第二节　管理启示

本书从开放式创新和可持续发展的双重背景出发，运用文献研究、理论分析和实证研究等多种方法研究外部知识获取对企业绩效的影响。研究结果表明，外部知识获取不仅可以直接促进企业绩效的提升，还能通过绿色创新的中介作用间接促进企业绩效的提升；绿色学习能力在市场知识获取促进企业绿色创新的过程中起正向调节作用，并能增强绿色创新在外部知识获取与企业绩效之间的中介作用；绿色整合能力在外部知识获取促进企业绿色创新的过程中起正向调节作用，并能增强绿色创新在外部知识获取与企业绩效之间的中介作用；绿色动态配置能力在外部知识获取促进企业绿色创新的过程中起正向调节作用，并能增强绿色创新在外部知识获取与企业绩效之间的中介作用。基于这些研究结论，本节给出我国企业在国际竞争中生存与发展的管理启示。

一、加强外部知识获取

研究发现，外部知识获取已成为企业弥补自身不足、增强创新能力和改善企业绩效的重要方式。我国企业往往缺乏足够的资金和能力，在这种情况下，最直接、最有效的途径就是利用好外部知识源来提升企业绩效，采取措施加强企业外部知识获取，具体建议如下：

（一）企业应注重跨组织边界的外部知识获取战略

企业需要运用开放的视野和政策，通过对跨组织边界的资源整合来推动企业创新，以便能及时有效地把握住新技术革命给企业带来的各种机遇。当前我国企业面临全球竞争加剧的挑战，也面临着诸多新的机遇，企业应重视跨组织边界的外部知识获取战略，及时关注不断变化的外部知识，以更新其产品和减少其对外部的依赖性，提高竞争优势。尤其是对于一些在市场和制度方面缺乏优势的企业来说，由于难以从快速变化的市场机会中充分受益，企业应及时从其他机构学习并获取相关知识，了解和掌握当地政策和法规，有利于减少制度方面的约束和弥补其在环保市场中机会的缺失。本书建议，企业从外部获取成熟的技术知识，将其与内部知识进行整合，及时识别和把握创新机会，给企业带来先动优势和成本优势；通过明确来自客户的消费需求、来自经销商的反馈信息、来自供应商反映的市场信息和竞争对手情况，及时掌握最前沿的市场动态，为将产品或服务推向市场提供精准的方向；通过完善外部知识获取的渠道，从多种渠道获取技术知识和市场知识，从其他机构获取经验，夯实企业知识资源基础，促进新想法和新思路的交流。此外，企业管理者应注重结合自身内部研发活动和创新产出情况，以此获取企业发展所需的知识资源，充分发挥外部知识获取对企业绩效的积极作用。

（二）企业应加强与外部组织的合作与交流

企业管理者应重视与外部机构建立良好的合作交流机制，提升与外部机构之间交流的频率，以便创造更多获取知识的机会。尤其是对于知识资源缺乏和技术水平较低的企业来说，要想在国际竞争市场中保持竞争优势，必须跨越现有的组织边界去外部寻找可能具有潜在价值的知识元素，将其带入企业内部对企业创新有所贡献。企业可以通过以下途径加强与外部组织的合作：制定特定的流程从商业合作伙伴（如客户、竞争者、供应商）甚至是竞争者那里收集信息，引进先进的技术；与外部组织进行项目合作，在合作与交流的过程中获得进一步发展所需的知识；与研究机构进行产学研合作，从高校和科研院所等处获得研发所需的知识，加快产品或服务的更新；采用外部招聘的方式雇用技术人员为其带来大量无形的知识资源。值得注意的是，企业从战略合作伙伴处获得的知识量取决于其合作伙伴是否愿意分享信息和专业知识，这就需要企业对社会资本进行充分的开发和利用。企业应采取促进举措，如建立良好的关系，以加强合作伙伴的合作激励机制，创造获取知识的机会。企业也可以通过建立多元化的激励政策和奖励机制，维护企业之间的信任关系，促进企业从合作伙伴处获取更多有价值的技术知识和市场信息。

（三）政府应为企业外部知识获取提供支持

随着经济全球一体化的加深，从外部获取先进知识、充分利用跨企业边界的知识和资源来提升可持续竞争优势，是我国企业尽快赶上发达国家的一条捷径。我国政府和决策者应该在鼓励自主创新的同时重视开放式创新的思维，鼓励企业从外部获取知识。政府可以通过构建平台促进行业交流并分享技术知识或市场信息，以帮助企业开发和拓展更多渠道。此外，企业对技术知识和市场知识的获取需要大量的资金，政策的制定者可以通过实施优惠政策、加大资金支持力度等方式促进企业有效进行外部知识获取，从而提升企业绩效，增强我国企业在国际市场上的竞争力。

二、促进企业绿色创新

研究结果表明，在可持续发展诉求日益加剧的背景下，外部知识获取可以通过作用于绿色创新取得“环境—经济”双赢，这意味着企业的外部知识获取通过转化为绿色创新，对企业环境绩效和企业经济绩效发挥积极作用。本书建议，企业和政府采取以下措施来促进企业绿色创新，从而有助于外部知识获取向企业绩效有效转化。

（一）企业应注重引导外部知识应用于绿色创新

绿色创新在外部知识获取与企业绩效间起中介作用，表明企业从外部获取知识后如果能将知识资源有效运用于绿色创新，将会助力企业提升环境绩效和经济绩效。企业管理者对从外部取得的知识资源的理解和掌握是企业储备绿色创新知识、发现绿色创新商机、发展绿色创新能力的关键，在一定程度上决定企业能否将从外部获得的先进技术和前沿市场信息整合应用于绿色产品和绿色服务。管理者可以通过组织相关部门的员工定期学习、交流企业从外部获取的技术知识和市场知识，力求拓宽原有的知识广度和深度，为企业实施绿色创新奠定坚实的知识基础，提高绿色创新的效率。在开发绿色机会方面，可以通过头脑风暴、知识沙龙等活动帮助员工开拓思路，对于外部知识中存在的潜在商机，最大限度地进行绿色创新实践的探索和尝试；在降低绿色创新的不确定性方面，可以通过重视内部研发活动有意识地培育和提高自身研发能力，提高企业资源配置的灵活性和机敏性，从而提升企业对绿色创新的转化能力，使外部知识有效应用于绿色创新。

（二）企业应加强对绿色创新活动的支持

绿色创新不仅是企业的一种被动反应性行为，而且应是企业获得竞争优势和提高业务绩效的主动性战略。因此，企业的高层管理者应意识到绿色创新给企业带来的机会，正确看待开展绿色创新带来的环境成本，并把绿色创新视为企业战略的关键组成部分。企业内部应注重鼓励员工开展绿色创新活动，通过绿色产品或绿色服务的创新获得差异化优势，甚至改变现有的竞争规则，提高企业的市场竞争力。企业可以制定绿色创新激励机制，调动企业内部各部门实施绿色创新的积极性和主动性，企业员工或团队可以通过持有股权、分红等形式获得绿色创新的技术转化收益；企业可以将绿色创新成果作为绩效考核体系的内容，激发员工积极提出绿色创新的构想和实施方式。在资源配置方面，企业高管应对绿色创新战略和活动的开展作出承诺，从而使企业绿色创新技术能够得到切实实施；管理者可以有意识地加大对绿色研发部门的支持力度，协调研发、生产和管理等部门之间的沟通与合作，加强对绿色工艺和绿色生产模式的推广，保证绿色创新活动的有效开展。在文化培育方面，高层管理者应努力营造积极开展绿色创新的文化氛围，在企业层面培育绿色创新文化和能力，强化整个企业的绿色创新意识，促进外部知识获取向企业经济绩效的有效转化；管理者可以将环保管理理念纳入企业的战略规划，将绿色知识整合并应用于生产流程和最终产品中，力求满足客户的环保需求，从而建立绿色品牌形象，提高自身合法性。

（三）政府应完善现有环保法律法规

政策的制定者应完善现有环保法律法规，将更严格的监管和实质性激励措施纳入相关法规中，为促进企业实施绿色创新奠定基础。针对绿色创新的高成本、高投入特点，政府应为实施绿色创新战略的企业提供资金支持。政府可以采取有效的经济激励代替行政处罚，通过赠款和回扣等奖励政策鼓励企业实施绿色创新；政府可以为企业实施绿色创新提供充分的时间、信息和绿色创新友好型政策，加大对绿色研发的支持力度，增强企业绿色创新的信心，进而促进企业实施绿色创新。

三、提升企业绿色动态能力

研究结果表明，在复杂多变的市场环境中，绿色动态能力在外部知识获取与绿色创新之间具有正向调节作用。管理者应注重提高企业绿色动态能力，并有意识地将绿色动态能力纳入企业长期环境战略，以动静结合的方式促进外部知识获取向绿色创新转化，进而实现企业环境绩效和企业经济绩效的双赢，具体建议如下：

（一）企业应提升绿色学习能力

企业要想在不断变化的环境中把握市场机遇，就必须通过学习寻找新的解决方案和创造新知识以开发新产品。首先，企业应培育浓厚的组织学习文化。企业的外在激励可以在短期内实现一些组织目标，但无法改变组织内部的激励系统。浓厚的组织学习文化有利于组织形成良好的学习氛围，企业要重视对员工精神层面的激励和文化氛围的营造。通过塑造和培育不断学习和开展绿色创新的组织文化，有助于组织内部知识的传递与共享，善于交流的分享型组织文化能够催生企业内部成员尊重知识、善于学习的组织氛围，有利于知识和技能的吸收，进而有助于绿色创新的实现。管理者应建立开放性的学习环境，鼓励成员在组织内部分享知识，不断强化组织成员的学习意识。其次，企业应营造相互信任的组织文化。企业内部成员的相互信任会促进组织内部知识交流和创新的形成，通过认可和尊重激发员工学习的意愿与行为；建立坦诚相待和相互信任的组织文化，降低成员的防御和戒备心理，促进成员进行学习交流的意愿；企业应在鼓励成功的同时支持冒险、容忍失败，鼓励组织成员大胆尝试。最后，建立不断学习的机制。企业可以通过培训员工、维护知识数据库和共享知识等活动实现环保知识的内部学习；可以通过举办行业知识学习研讨会或社团增强其外部学习能力；还可以邀请相关领域的专家开展专业的培训课或专题讲座，为组织成员传授知识和技能。

（二）企业应提升绿色整合能力

企业通过学习创造的新知识往往被企业员工个人拥有，只有整合到集体层面，才能有效发挥作用。因此，企业应将员工的环保知识和资源及时、有效地整合到集体系统中，提高其绿色业务能力；注重对客户信息收集和对潜在绿色市场的探索，重视对绿色市场环境的动态追踪，通过洞察和分析市场变化，及时把握绿色市场机遇；提高冗余资源的流动性和使用灵活性，挖掘冗余资源的辅助作用，尤其是发挥非沉淀性冗余资源不占用企业日常生产资源且具有风险抵御能力的特长，使资源能有效地集聚、整合和转化；更加频繁和及时地使用知识整合机制来解读从外部获取的对企业创新具有潜在价值的环保信息与知识，从而对整个发展趋势有更加清晰的认识，避免信息和知识过时给企业带来伤害；不断改进现有资产，发展应对新出现的威胁和机遇所需的新技能，从而更好地将从外部获得的环保知识和信息集成到内部运营和现有产品组合中；注重在绿色流程和绿色工艺之间保持共通性和互补性，从而将从外部获得的绿色技术和做法有效吸收和内化到企业生产流程中。

（三）企业应提升绿色动态配置能力

提升企业绿色动态配置能力，可以采取以下几方面措施：建立明确的人力资源分配制度，将组织成员对绿色创新投入的贡献以及成员与集体的互动表现纳入员工的考核和激励制度中；将组织成员个人所拥有的环保知识或技能嵌入组织例程中，增强企业绿色创新的活力；营造大胆进行绿色创新的组织文化，破除阻碍绿色能力更新发展的各种障碍，鼓励员工敢于打破企业原有的组织惯例并克服组织惰性，大胆进行绿色创新；定期制订绿色实践方案，更新现有运营能力，使企业更好地适应不断变化的环境；尊重员工的发展要求，了解组织成员的知识、技术和能力等特征，建立绿色产品/服务开发项目专家和知识目录，便于企业从组织成员中甄别、获取和吸收有价值的环保知识；为员工提供正式和非正式的环保知识交流平台，如关键问题研讨会、跨职能部门讨论会议和网络论坛等，便于企业在组织内部有效管理绿色相关的知识；营造积极互动的组织文化氛围，帮助组织成员参与企业集体活动，通过集体活动塑造绿色动态配置能力；提高信息技术水平，便于监测市场和技术趋势，根据不断变化的环境来重新安排绿色业务流程，提高企业对市场和竞争对手及时作出响应的能力；与合作伙伴建立良好的合作关系并进行高效的沟通，实现对绿色知识和绿色能力的持续更新。

第三节　本章小结

本章对全书的假设检验结果进行讨论，包括对主效应、中介效应、调节效应以及有调节的中介效应的分析，同时，对与研究假设不一致的检验结果从不同角度给出解释。依据研究结果，为企业管理者和政府机构对应提供了提升企业绩效的管理对策和建议，包括通过企业注重跨组织边界的外部知识获取战略、企业加强与外部组织合作与交流、政府为企业外部知识获取提供支持，加强企业外部知识获取；通过企业注重引导外部知识应用于绿色创新、企业加强对绿色创新活动的支持、政府完善现有环保法律法规等促进企业绿色创新；通过提升绿色学习能力、提升绿色整合能力、提升绿色动态配置能力来提升绿色动态能力，促使企业通过有效的外部知识获取来提高企业环境绩效和企业经济绩效，从而实现“环境—经济”双赢。

第六章　结论与展望

本章总结全书研究问题与主要结论，对主要创新点进行提炼，同时指出不足和可以进一步拓展的方向。

第一节　主要研究结论

本书围绕“外部知识获取如何通过绿色创新影响企业绩效”，以资源基础理论和动态能力理论为基础，构建了外部知识获取、绿色创新对企业绩效影响的理论模型，提出了相应的研究假设。变量间关系包括技术知识获取对企业绩效的直接效应、市场知识获取对企业绩效的直接效应、外部知识获取对绿色创新的直接效应、绿色创新对企业绩效的直接效应；绿色创新在“外部知识获取—企业绩效”之间的中介效应；绿色动态能力在“外部知识获取—绿色创新”关系与“外部知识获取—绿色创新—企业绩效”关系中发挥的调节效应。以我国企业为研究对象，通过层级回归分析和拔靴法对收集的数据进行假设检验。实证结果显示，除 1 个假设未得到数据支持外，其余 29 个假设均得到数据支持。

（1）技术知识获取对企业绩效有显著的正向影响，即技术知识获取对企业环境绩效和企业经济绩效有正向影响。我国经济正在崛起，但企业的技术能力水平与发达国家相比还有一定差距，技术能力水平成为制约企业竞争力的一个重要因素。随着技术复杂度和难度的提高，企业完全依赖内部知识和资源已无法满足可持续发展的需求，需要积极从外部获取先进的技术知识，不断积累和提升自身技术能力。企业通过从其他组织处获得有关生产、制造和流程等技术知识，可以达到升级原有技术、提高资源配置水平和开发绿色产品的目的，进一步提升企业环境绩效和企业经济绩效。因此，技术知识获取对企业环境绩效和企业经济绩效都有积极的影响，有利于企业实现“环境—经济”的双赢。

（2）市场知识获取对企业绩效有显著的正向影响，即市场知识获取对企业环境绩效和企业经济绩效具有正向影响。我国企业所处的市场环境具有节奏快、动态性高和破坏性强的特点，消费者偏好和竞争者动向难以预测。企业从合作伙伴处获取市场知识有助于企业及时改进决策，降低市场的不确定性，更好地将产品推向市场，从而改善企业经济绩效。企业从外部获得顾客需求方面的信息有助于企业最大限度地抓住市场机会，从外部获得国家、行业和市场的绿色要求，有利于企业建立自身的绿色标准，从而有效提升企业环境绩效。因此，市场知识获取对企业环境绩效和企业经济绩效均有积极的影响，有利于企业实现“环境—经济”的双赢。

（3）绿色创新在外部知识获取影响企业绩效的关系中发挥着部分中介作用，即绿色创新分别在技术知识获取与企业环境绩效和企业经济绩效之间起着部分中介作用，绿色创新分别在市场知识获取与企业环境绩效和企业经济绩效之间起着部分中介作用。有效的技术知识获取能够增强企业知识储备的多样性，补充原有知识基础，为绿色创新的顺利实施提供支持；有效的市场知识获取能够使企业准确掌握市场和客户的信息，能在一定程度上降低绿色创新过程中的不确定性和复杂性带来的阻碍。因此，外部知识获取对企业实施绿色创新有积极的促进作用。进一步地，绿色创新通过改进企业产品或流程，表现在企业环境绩效方面是减少污染和节约资源，表现在企业经济绩效方面则是增加利润和降低成本，实现“环境—经济”双赢。因此，外部知识获取可以通过促进企业绿色创新提升企业环境绩效和企业经济绩效。

（4）绿色动态能力对“外部知识获取—绿色创新”关系的调节作用存在差异性。实证检验表明绿色学习能力、绿色整合能力和绿色动态配置能力三种绿色动态能力在外部知识获取影响绿色创新的关系中所起的调节作用存在差异。在“技术知识获取—绿色创新”关系中，绿色整合能力和绿色动态配置能力均能增强技术知识获取与绿色创新之间的正向关系，但实证结果没有支持绿色学习能力能够增强技术知识获取与绿色创新之间的正向关系。在“市场知识获取—绿色创新”关系中，绿色学习能力、绿色整合能力和绿色动态配置能力均能增强市场知识获取与绿色创新之间的正向关系。

（5）绿色动态能力对绿色创新的中介效应发挥着显著的调节作用。实证检验表明，绿色学习能力、绿色整合能力和绿色动态配置能力三种绿色动态能力都对绿色创新的中介效应有正向的调节作用。在“技术知识获取—绿色创新—企业绩效”关系中，三种类型的绿色动态能力均能增强绿色创新在技术知识获取与企业环境绩效关系间的中介效应，均能增强绿色创新在技术知识获取与企业经济绩效关系间的中介效应。在“市场知识获取—绿色创新—企业绩效”关系中，绿色学习能力、绿色整合能力和绿色动态配置能力三种绿色动态能力均能增强绿色创新在市场知识获取与企业环境绩效关系间的中介效应，均能增强绿色创新在市场知识获取与企业经济绩效关系间的中介效应。

第二节　主要创新点

本书在开放式创新和可持续发展的双重背景下，以我国企业为研究对象，将外部知识获取、绿色创新、绿色动态能力和企业绩效纳入同一研究框架，实证检验了“外部知识获取—绿色创新—企业绩效”的理论模型，厘清了外部知识获取对企业绩效的影响机理，具有以下三个创新点：

（1）在开放式创新和可持续发展的双重背景下，构建了外部知识获取影响企业绩效的理论模型，揭示了外部知识获取对企业环境绩效和企业经济绩效的显著影响，扩大了外部知识与企业绩效关系的研究范围。

本书突破了以往仅以企业经济绩效为关注焦点的研究，揭示了外部知识获取对企业经济绩效和企业环境绩效的作用机制，从理论上推动了外部知识获取在环境管理领域的研究，也扩大了外部知识与企业绩效关系的研究范围；从实践上强调了两类外部知识获取在企业响应可持续发展诉求中的应用，为企业提升经济绩效的同时改善环境和树立绿色形象提供了有针对性的管理建议。

（2）从绿色创新角度揭示了外部知识获取影响企业绩效的内在机理，通过检验绿色创新的中介作用，为企业通过外部知识获取提升企业绩效提供了新的分析视角。

本书从理论上为外部知识获取影响企业绩效指明了新的研究方向，有助于从绿色创新角度理解以往文献中外部知识获取影响企业绩效的研究结论存在不一致性的原因，从实践上为企业通过外部知识获取有效提升绩效提供了新的思路。

（3）在动态的情境下明确了外部知识获取影响企业绩效过程中的情境因素，识别了绿色动态能力的调节作用，丰富了绿色动态能力的相关研究。

本书从动态能力视角明确了外部知识获取促进绿色创新和提升企业绩效的边界因素，有助于后期进一步厘清外部知识获取发挥作用的内在机理；从实践上对企业在复杂多变的市场环境下将外部知识获取有效转化为绿色创新并提升企业绩效、实现“环境—经济”双赢提出参考意见。

第三节　研究局限与展望

本书通过理论分析和实证检验厘清了外部知识获取对企业绩效的影响机理，得出了相关研究结论和管理启示，但由于时间、成本等因素的限制，还存在一些局限和有待进一步研究的问题，主要体现在以下四个方面：

（1）使用横截面数据进行统计分析检验理论模型，使得研究结论仅反映了某个时间段上研究变量之间的作用关系，而对于长期的影响效应则无法进行考察。鉴于变量间的相互作用可能随着时间的推移而变化，需要通过更为长期的跟踪和观察才能进一步得出结论。因此，未来研究可以采用更多的纵向研究设计，通过模拟或时间序列数据追踪研究相关变量在不同时间阶段上的表现，进一步检验理论框架中所构建的因果关系，这对后续研究有重要意义。

（2）变量的测量存在一定的局限性。尽管本书对变量的测量均借鉴了国外权威期刊所使用的测量量表，在一定程度上保证了测量的信度与效度，且通过双向回译和专家访谈等方法进行了适当修订，但仍存在两个问题：一是量表的适用性问题。由于借鉴的量表大多是基于西方发达国家情境开发的，将其运用到中国情境中，适用性可能受限。二是研究变量中所包含的客观指标较少。虽然受访者对企业外部知识获取和绿色动态能力的主观评价可能是合理可信的，但对绿色创新和企业绩效的评价还有待进一步完善，未来研究对于变量测量可以将主观测量同客观指标相结合后再进一步展开研究。

（3）在研究假设方面，受篇幅所限，本书未能将不同类型知识获取对绩效的差异化影响进行比较，未来研究可以对不同类型知识获取对绩效的影响进行比较分析。此外，本书未考虑变量之间可能的非线性关系，未来的研究可以进一步思考知识获取与绩效是否有非线性关系（如“U”形关系）。

（4）本书理论模型虽得到了数据的验证，但仍不全面，还有进一步拓展的空间。例如，由于本书涉及较多变量，未对绿色创新这一变量的类型进行细分，也未考虑其他中介变量的作用。未来的研究可以根据研究目的和需要对绿色创新进一步划分，对不同类型绿色创新与这些变量的关系进行研究，也可以引入更多的中介变量，进行更加细致、深入的研究。本书涉及的企业绩效包括经济绩效和非经济绩效，其中对非经济绩效仅考察了环境绩效，未来研究可以根据研究需要纳入其他非经济绩效。例如，可以将三重底线中的社会方面也纳入研究模型中，进一步考察外部知识获取与企业可持续绩效（经济绩效、环境绩效和社会绩效）的关系，实现对当前模型的改进及扩展。

参考文献

[1] Abbas J, Sağsan M. Impact of knowledge management practices on green innovation and corporate sustainable development: a structural analysis [J]. Journal of Cleaner Production, 2019 (229): 611 - 620.

[2] Aboelmaged M, Hashem G. Absorptive capacity and green innovation adoption in SMEs: the mediating effects of sustainable organizational capabilities [J]. Journal of Cleaner Production, 2019 (220): 853 - 863.

[3] Ahn J - H, Chang S - G. Assessing the contribution of knowledge to business performance: the KP3 methodology [J]. Decision Support Systems, 2004, 36 (4): 403 - 416.

[4] Alexopoulos I, Kounetas K, Tzelepis D. Environmental and financial performance. Is there a win - win or a win - loss situation? Evidence from the Greek manufacturing [J]. Journal of Cleaner Production, 2018.

[5] Arnold M G, Hockerts K. The greening Dutchman: Philips' process of green flagging to drive sustainable innovations [J]. Business Strategy and the Environment, 2011, 20 (6): 394 - 407.

[6] Arundel A V, Kemp R. Measuring eco - innovation [D]. Masmania: Universiteit Masmania, 2009.

[7] Banerjee S B. Corporate environmentalism: the construct and its measurement [J]. Journal of Business Research, 2002, 55 (3): 177 - 191.

[8] Barney J. Firm resources and sustained competitive advantage [J]. Journal of Management, 1991, 17 (1): 99 - 120.

[9] Baron R M, Kenny D A. The moderator - mediator variable distinction in social psychological research: conceptual, strategic, and statistical considerations

[J]. Journal of Personality and Social Psychology, 1986, 51 (6): 1173-1182.

[10] Barreto I. Dynamic capabilities: a review of past research and an agenda for the future [J]. Journal of Management, 2010, 36 (1): 256-280.

[11] Ben Arfi W, Hikkerova L, Sahut J M. External knowledge sources, green innovation and performance [J]. Technological Forecasting and Social Change, 2018 (129): 210-220.

[12] Berchicci L. Towards an open R&D system: internal R&D investment, external knowledge acquisition and innovative performance [J]. Research Policy, 2013, 42 (1): 117-127.

[13] Bergendahl J A, Sarkis J, Timko M T. Transdisciplinarity and the food energy and water nexus: ecological modernization and supply chain sustainability perspectives [J]. Resources, Conservation and Recycling, 2018 (133): 309-319.

[14] Bergquist A-K, Söderholm K. Green innovation systems in Swedish industry, 1960-1989 [J]. Business History Review, 2011, 85 (4): 677-698.

[15] Berrone P, Fosfuri A, Gelabert L, et al. Necessity as the mother of "green" inventions: institutional pressures and environmental innovations [J]. Strategic Management Journal, 2013, 34 (8): 891-909.

[16] Bloodgood J M. Knowledge acquisition and firm competitiveness: the role of complements and knowledge source [J]. Journal of Knowledge Management, 2019, 23 (1): 46-66.

[17] Bojica A M, Fuentes M Del M F. Knowledge acquisition and corporate entrepreneurship: insights from Spanish SMEs in the ICT sector [J]. Journal of World Business, 2012, 47 (3): 397-408.

[18] Bontis D G M C N. Knowledge management, problem solving and performance in top Italian firms [J]. Journal of Knowledge Management, 2017, 21 (2): 355-375.

[19] Borghesi S, Cainelli G, Mazzanti M. Linking emission trading to envi-

ronmental innovation: evidence from the Italian manufacturing industry [J]. Research Policy, 2015, 44 (3): 669 – 683.

[20] Bossle M B, Dutra De Barcellos M, Vieira L M, et al. The drivers for adoption of eco – innovation [J]. Journal of Cleaner Production, 2016 (113): 861 – 872.

[21] Cai W G, Zhou X L. On the drivers of eco – innovation: empirical evidence from China [J]. Journal of Cleaner Production, 2014 (79): 239 – 248.

[22] Cai W, LI G. The drivers of eco – innovation and its impact on performance: evidence from China [J]. Journal of Cleaner Production, 2018 (176): 110 – 118.

[23] Cainelli G, Mazzanti M, Montresor S. Environmental innovations, local networks and internationalization [J]. Industry and Innovation, 2012, 19 (8): 697 – 734.

[24] Carrillo – Hermosilla J, Del Río P, Könnölä T. Diversity of eco – innovations: reflections from selected case studies [J]. Journal of Cleaner Production, 2010, 18 (10/11): 1073 – 1083.

[25] Cassiman B, Veugelers R. In search of complementarity in innovation strategy: internal R&D and external knowledge acquisition [J]. Management Science, 2006, 52 (1): 68 – 82.

[26] Chang C H, Chen Y S. Green organizational identity and green innovation [J]. Management Decision, 2013, 51 (5): 1056 – 1070.

[27] Chang C H. The influence of corporate environmental ethics on competitive advantage: the mediation role of green innovation [J]. Journal of Business Ethics, 2011, 104 (3): 361 – 370.

[28] Chang Y C C. The determinants of green product development performance: green dynamic capabilities, green transformational leadership, and green creativity [J]. Journal of Business Ethics, 2013, 116 (1): 107 – 119.

[29] Chen Y S, Lai S B, Wen C T. The influence of green innovation per-

formance on corporate advantage in Taiwan [J]. Journal of Business Ethics, 2006, 67 (4): 331 -339.

[30] Chen Y, Chang C, Wu F. Origins of green innovations: The differences between proactive and reactive green innovations [J]. Management Decision, 2012, 50 (3): 368 -398.

[31] Chen Y. The driver of green innovation and green image - green core competence [J]. Journal of Business Ethics, 2008, 81 (3): 531 -543.

[32] Cheng C C J. Sustainability orientation, green supplier involvement, and green innovation performance: evidence from diversifying green entrants [J]. Journal of Business Ethics, 2020, 161 (2): 393 -414.

[33] Chiou T Y, Chan H K, Lettice F, et al. The influence of greening the suppliers and green innovation on environmental performance and competitive advantage in Taiwan [J]. Transportation Research Part E: Logistics and Transportation Review, 2011, 47 (6): 822 -836.

[34] Chiu S - C, Sharfman M. Legitimacy, visibility, and the antecedents of corporate social performance: an investigation of the instrumental perspective [J]. Journal of Management, 2011, 37 (6): 1558 -1585.

[35] Clark T, Charter M. Sustainable innovation: key conclusions from sustainable innovation conferences 2003 -2006 organised by the centre for sustainable design [R]. Canterbury: University College for the Creative Arts, 2007: 1 -50.

[36] Clayton C A, Pellizzari E D, Whitmore R W, et al. National Human Exposure Assessment Survey (NHEXAS): distributions and associations of lead, arsenic, and volatile organic compounds in EPA Region 5 [J]. Journal of Exposure Science and Environmental Epidemiology, 1999, 9 (5): 381.

[37] Cortina J M. What is coefficient alpha? An examination of theory and applications [J]. Journal of Applied Psychology, 1993, 78 (1): 98.

[38] Cuerva M C, Triguero - Cano Á, Córcoles D. Drivers of green and non - green innovation: empirical evidence in low - tech SMEs [J]. Journal of Cleaner

Production, 2014 (68): 104 – 113.

[39] Dahlander L, O' Mahony S, Gann D M. One foot in, one foot out: how does individuals' external search breadth affect innovation outcomes [J]. Strategic Management Journal, 2016, 37 (2): 280 – 302.

[40] Dai J, Cantor D E, Montabon F L. How environmental management competitive pressure affects a focal firm's environmental innovation activities: a green supply chain perspective [J]. Journal of Business Logistics, 2015, 36 (3): 242 – 259.

[41] Damanpour F, Gopalakrishnan S. Theories of organizational structure and innovation adoption: the role of environmental change [J]. Journal of Engineering and Technology Management, 1998 (15): 1 – 24.

[42] Danneels E. The dynamics of product innovation and firm competences [J]. Strategic Management Journal, 2002, 23 (12): 1095 – 1121.

[43] Danneels E. Trying to become a different type of company: dynamic capability at Smith Corona [J]. Strategic Management Journal, 2011, 32 (1): 1 – 31.

[44] Darnall N, Henriques I, Sadorsky P. Adopting proactive environmental strategy: the influence of stakeholders and firm size [J]. Journal of Management Studies, 2010 (9): 1072 – 1094.

[45] Davcik N S, Sharma P. Marketing resources, performance, and competitive advantage: a review and future research directions [J]. Journal of Business Research, 2016, 69 (12): 5547 – 5552.

[46] De Marchi V. Environmental innovation and R&D cooperation: empirical evidence from Spanish manufacturing firms [J]. Research Policy, 2012, 41 (3): 614 – 623.

[47] Deeds D L, Decarolis D, Coombs J. Dynamic capabilities and new product development in high technology ventures: an empirical analysis of new biotechnology firms [J]. Journal of Business Venturing, 2000, 15 (3):

211 – 229.

[48] Delmas M A, Pekovic S. Corporate sustainable innovation and employee behavior [J]. Journal of Business Ethics, 2018, 150 (4): 1071 – 1088.

[49] Demirel P, Kesidou E. Stimulating different types of eco – innovation in the UK: government policies and firm motivations [J]. Ecological Economics, 2011, 70 (8): 1546 – 1557.

[50] Dibrell C, Craig J, Hansen E. Firm innovativeness: an organizational life cycle perspective [J]. Journal of Small Business Management, 2011, 49 (3): 467 – 489.

[51] Dong Y, Wang X, Jin J, et al. Effects of eco – innovation typology on its performance: empirical evidence from Chinese enterprises [J]. Journal of Engineering and Technology Management, 2014 (34): 78 – 98.

[52] Doran J, Ryan G. The importance of the diverse drivers and types of environmental innovation for firm performance [J]. Business Strategy and the Environment, 2016, 25 (2): 102 – 119.

[53] Díaz – García C, Gonzúlez – Morenoú, Súez – Martínez F J. Eco – innovation: insights from a literature review [J]. Innovation, 2015, 17 (1): 6 – 23.

[54] Eiadat Y, Kelly A, Roche F, et al. Green and competitive? An empirical test of the mediating role of environmental innovation strategy [J]. Journal of World Business, 2008, 43 (2): 131 – 145.

[55] Eisenhardt K M, Martin J A. Dynamic capabilities: what are they [J]. Strategic Management Journal, 2000, 21 (10/11): 1105 – 1121.

[56] El – Kassar A, Kumar S. Green innovation and organizational performance: the in fluence of big data and the moderating role of management commitment and HR practices [J]. Technological Forecasting and Social Change, 2017 (11).

[57] Enkel E, Gassmann O, Chesbrough H. Open R&D and open innova-

tion: exploring the phenomenon [J]. R&D Management, 2009, 39 (4): 311 -316.

[58] Erkut B. The emergence of the ERP software market between product innovation and market shaping [J]. Journal of Open Innovation, 2018, 4 (3): 23.

[59] Fazey I, Evely A C, Reed M S, et al. Knowledge exchange: a review and research agenda for environmental management [J]. Environmental Conservation, 2013, 40 (1): 19 -36.

[60] Fong C - M, Chang N - J. The impact of green learning orientation on proactive environmental innovation capability and firm performance [J]. African Journal of Business Management, 2012, 6 (3): 727 -735.

[61] Fornell C, Larcker D F. Evaluating structural equation models with unobservable variables and measurement error [J]. Journal of Marketing Research, 1981, 18 (1): 39 -50.

[62] Franceschini S, Faria L G D, Jurowetzki R. Unveiling scientific communities about sustainability and innovation. A bibliometric journey around sustainable terms [J]. Journal of Cleaner Production, 2016 (127): 72 -83.

[63] Frondel M, Horbach J, Rennings K. End - of - pipe or cleaner production? An empirical comparison of environmental innovation decisions across OECD countries [J]. Business Strategy and the Environment, 2007, 16 (8): 571 -584.

[64] Frondel M, Horbach J, Rennings K. What triggers environmental management and innovation? Empirical evidence for Germany [J]. Ecological Economics, 2008, 66 (1): 153 -160.

[65] Fussler C, James P. Driving eco - innovation: a breakthrough discipline for innovation and sustainability [M]. Aukland: Pitman Publishing, 1996.

[66] Gadenne D L, Kennedy J, Mckeiver C. An empirical study of environmental awareness and practices in SMEs [J]. Journal of Business Ethics, 2013, 84

(1): 45 - 63.

[67] Galunic D C, Eisenhardt K M. Architectural innovation and modular corporate forms [J]. Academy of Management Journal, 2001, 44 (6): 1229 - 1249.

[68] Gavronski I, Klassen R D, Vachon S, et al. A resource - based view of green supply management [J]. Transportation Research Part E: Logistics and Transportation Review, 2011, 47 (6): 872 - 885.

[69] Granstrand O, Bohlin E, Oskarsson C, et al. External technology acquisition in large multi - technology corporations [J]. R&D Management, 1992, 22 (2): 111 - 134.

[70] Grant R M. Toward a knowledge - based theory of the firm [J]. Strategic Management Journal, 1996, 17 (S2): 109 - 122.

[71] Gras D, Krause R. When does it pay to stand out as stand - up? Competitive contingencies in the corporate social performance - corporate financial performance relationship [J]. Strategic Organization, 2018.

[72] Greco M, Grimaldi M, Cricelli L. Open innovation actions and innovation performance [J]. European Journal of Innovation Management, 2015, 18 (2): 150 - 171.

[73] Guo Y, Wang L F, Wang M, et al. The mediating role of environmental innovation on knowledge acquisition and corporate performance relationship: a study of SMEs in China [J]. Sustainability, 2019, 11 (8): 1 - 18.

[74] Halila F, Rundquist J. The development and market success of eco - innovations: a comparative study of eco - innovations and other innovations in Sweden [J]. European Journal of Innovation Management, 2011, 14 (3): 278 - 302.

[75] Hammar H, Löfgren A A. Explaining adoption of end of pipe solutions and clean technologies-determinants of firms' investments for reducing emissions to air in four sectors in Sweden [J]. Energy Policy, 2010, 38 (7):

3644 - 3651.

[76] Hart S L. A natural - resource - based view of the firm [J]. Academy of Management Review, 1995, 20 (4): 986 - 1014.

[77] Hayes A F. An index and test of linear moderated mediation [J]. Multivariate Behavioral Research, 2015, 50 (1): 1 - 22.

[78] Hernandez - Vivanco A, Bernardo M, Cruz - Cázares C, et al. Sustainable innovation through management systems integration [J]. Journal of Cleaner Production, 2018 (167): 1263 - 1275.

[79] Hojnik J, Ruzzier M. The driving forces of process eco - innovation and its impact on performance: insights from Slovenia [J]. Journal of Cleaner Production, 2016 (133): 812 - 825.

[80] Holsapple C W, Singh M. The knowledge chain model: activities for competitiveness [J]. Expert Systems with Applications, 2001, 20 (1): 77 - 98.

[81] Holtbrügge D, Dögl C. How international is corporate environmental responsibility? A literature review [J]. Journal of International Management, 2012, 18 (2): 180 - 195.

[82] Hong J, Zhang Y, Ding M. Sustainable supply chain management practices, supply chain dynamic capabilities, and enterprise performance [J]. Journal of Cleaner Production, 2018 (172): 3508 - 3519.

[83] Horbach J, Rammer C, Rennings K. Determinants of eco - innovations by type of environmental impact—the role of regulatory push/pull, technology push and market pull [J]. Ecological Economics, 2012, 78 (11): 112 - 122.

[84] Horbach J. Determinants of environmental innovation—new evidence from German panel data sources [J]. Research Policy, 2008, 37 (1): 163 - 173.

[85] Huang J W, Li Y H. Green innovation and performance: the view of organizational capability and social reciprocity [J]. Journal of Business Ethics, 2017, 145 (2): 309 - 324.

[86] Huang X X, Hu Z P, Liu C S, et al. The relationships between regula-

tory and customer pressure, green organizational responses, and green innovation performance [J]. Journal of Cleaner Production, 2016 (112): 3423 –3433.

[87] Huang Y, Luo Y, Yi L, et al. An investigation of interpersonal ties in interorganizational exchanges in emerging markets: a boundary – spanning perspective [J]. Journal of Management, 2016, 42 (6): 1557 –1587.

[88] Huber G P. Organizational learning: the contributing processes and the literatures [J]. Organization Science, 1991, 2 (1): 88 –115.

[89] Hunt S D, Davis D F. Grounding supply chain management in resource – advantage theory: in defense of a resource – based view of the firm [J]. Journal of Supply Chain Management, 2012, 48 (2): 14 –20.

[90] Husted B W, Montiel I, Christmann P. Effects of local legitimacy on certification decisions to global and national CSR standards by multinational subsidiaries and domestic firms [J]. Journal of International Business Studies, 2016, 47 (3): 382 –397.

[91] Il Park B, Whitelock J, Giroud A. Acquisition of marketing knowledge in small and medium – sized IJVs: the role of compatibility between parents [J]. Management Decision, 2009, 47 (8): 1340 –1356.

[92] Inkpen A C. Learning and knowledge acquisition through international strategic alliances [J]. Academy of Management Perspectives, 1998, 12 (4): 69 –80.

[93] Ioppolo G, Paolo C, Aldieri L, et al. Is green innovation an opportunity or a threat to employment? An empirical analysis of three main industrialized areas: the USA, Japan and Europe [J]. Journal of Cleaner Production, 2019 (214): 758 –766.

[94] James P. The sustainability cycle: a new tool for product development and design [J]. The Journal of Sustainable Product Design, 1997 (2): 52 –57.

[95] Johnstone L, Hallberg P. ISO 14001 adoption and environmental performance in small to medium sized enterprises [J]. Journal of Environmental Man-

agement, 2020 (266): 110592. 1 – 110592. 13.

[96] Joshi G, Dhar R L. Green training in enhancing green creativity via green dynamic capabilities in the Indian handicraft sector: the moderating effect of resource commitment [J]. Journal of Cleaner Production, 2020, 267 (9): 121948. 1 – 121948. 14.

[97] Jugend D, Jose C, Jabbour C, et al. Relationships among open innovation, innovative performance, government support and firm size: comparing Brazilian firms embracing different levels of radicalism in innovation [J]. Technovation, 2018 (74): 54 – 65.

[98] Kemp R, Foxon T. Typology of eco – innovation [D]. Maastricht: Maastricht University, 2007.

[99] Kemp R. Eco – innovation: definition, measurement and open research issues [J]. Economia Politica, Societă Editriceil Mulino, 2010, 27 (3): 397 – 420.

[100] Kesidou E, Demirel P. On the drivers of eco – innovations: empirical evidence from the UK [J]. Research Policy, 2012, 41 (5): 862 – 870.

[101] King A A, Tucci C L. Incumbent entry into new market niches: the role of experience and managerial choice in the creation of dynamic capabilities [J]. Management Science, 1999, 48 (2): 171 – 186.

[102] Kumar S, Del M, Chierici R, et al. Green innovation and environmental performance: the role of green transformational leadership and green human resource management [J]. Technological Forecasting and Social Change, 2020 (150): 119762.

[103] Kumar S, Gupta S, Busso D, et al. Top management knowledge value, knowledge sharing practices, open innovation and organizational performance [J]. Journal of Business Research, 2019 (4): 1 – 11.

[104] Laursen K, Masciarelli F, Prencipe A. Regions matter: how localized social capital affects innovation and external knowledge acquisition [J]. Organiza-

tion Science, 2012, 23 (1): 177 - 193.

[105] Laursen K, Salter A. Open for innovation: the role of openness in explaining innovation performance among UK manufacturing firms [J]. Strategic Management Journal, 2006, 27 (2): 131 - 150.

[106] Lavie D. Capability reconfiguration: an analysis of incumbent responses to technological change [J]. Academy of Management Review, 2006, 31 (1): 153 - 174.

[107] Lee H, Choi B. Knowledge management enablers, processes, and organizational performance: an integrative view and empirical examination [J]. Journal of Management Information Systems, 2003, 20 (1): 179 - 228.

[108] Lee H, Kelley D. Building dynamic capabilities for innovation: an exploratory study of key management practices [J]. R&D Management, 2008, 38 (2): 155 - 168.

[109] Lee J W, Kim Y M, Kim Y E. Antecedents of adopting corporate environmental responsibility and green practices [J]. Journal of Business Ethics, 2016, 148 (2): 397 - 409.

[110] Lee K H, Min B. Green R&D for eco - innovation and its impact on carbon emissions and firm performance [J]. Journal of Cleaner Production, 2015 (108): 234 - 542.

[111] Leonidou L C, Christodoulides P, Kyrgidou L P. Internal drivers and performance consequences of small firm green business strategy: the moderating role of external forces [J]. Journal of Business Ethics, 2015, 140 (3): 585 - 606.

[112] Li D, Huang M, Ren S, et al. Environmental legitimacy, green innovation, and corporate carbon disclosure: evidence from CDP China 100 [J]. Journal of Business Ethics, 2018, 150 (4): 1089 - 1104.

[113] Li D, Zheng M, Cao C, et al. The impact of legitimacy pressure and corporate profitability on green innovation: evidence from China top 100 [J]. Jour-

nal of Cleaner Production, 2017 (141): 41 –49.

[114] Li J J, Poppo L, Zhou K Z. Relational mechanisms, formal contracts, and local knowledge acquisition by international subsidiaries [J]. Strategic Management Journal, 2010, 31 (4): 349 –370.

[115] Li Y, Wei Z, Liu Y. Strategic orientations, knowledge acquisition, and firm performance: the perspective of the vendor in cross – border outsourcing [J]. Journal of Management Studies, 2010, 47 (8): 1457 –1482.

[116] Li Y, Ye F, Sheu C, et al. Linking green market orientation and performance: antecedents and processes [J]. Journal of Cleaner Production, 2018 (192): 924 –931.

[117] Li Y. Environmental innovation practices and performance: moderating effect of resource commitment [J]. Journal of Cleaner Production, 2014 (66): 450 –458.

[118] Liao S, Chang W, Hu D, et al. The international journal of human relationships among organizational culture, knowledge acquisition, organizational learning, and organizational innovation in Taiwan's banking and insurance industries [J]. The International Journal of Human Resource Management, 2012, 23 (1): 52 –70.

[119] Liao Y, Marsillac E. External knowledge acquisition and innovation: the role of supply chain network – oriented flexibility and organisational awareness [J]. International Journal of Production Research, 2015, 53 (18): 5437 –5455.

[120] Liao Z. Environmental policy instruments, environmental innovation and the reputation of enterprises [J]. Journal of Cleaner Production, 2018 (171): 1111 –1117.

[121] Liao Z. Institutional pressure, knowledge acquisition and a firm's environmental innovation [J]. Business Strategy and the Environment, 2018, 27 (7): 849 –857.

[122] Liao Z. Temporal cognition, environmental innovation, and the competitive advantage of enterprises [J]. Journal of Cleaner Production, 2016 (135): 1045-1053.

[123] Lin H F, Su J Q, Higgins A. How dynamic capabilities affect adoption of management innovations [J]. Journal of Business Research, 2016, 69 (2): 862-876.

[124] Lin H, Zeng S X, Ma H Y, et al. Can political capital drive corporate green innovation? Lessons from China [J]. Journal of Cleaner Production, 2014 (64): 63-72.

[125] Lin R-J, Che R-H, Ting C-Y. Turning knowledge management into innovation in the high-tech industry [J]. Industrial Management and Data Systems, 2012, 112 (1): 42-63.

[126] Lin Y, Chen Y. Determinants of green competitive advantage: the roles of green knowledge sharing, green dynamic capabilities [J]. Quality and Quantity, 2017, 51 (4): 1663-1685.

[127] Lin Y, Wu L. Exploring the role of dynamic capabilities in firm performance under the resource-based view framework [J]. Journal of Business Research, 2014, 67 (3): 407-413.

[128] Lubatkin M H, Simsek Z, Ling Y, et al. Ambidexterity and performance in small-to medium-sized firms: the pivotal role of top management team behavioral integration [J]. Journal of Management, 2006, 32 (5): 646-672.

[129] Martinez-Martinez A, Luis A, Rodri L. Environmental knowledge, unlearning, and performance in hospitality companies [J]. Management Decision, 2013, 51 (2): 341-360.

[130] Martínez-Cañas R, Sáez-Martínez F J, Ruiz-Palomino P, et al. Knowledge acquisition's mediation of social capital firm innovation [J]. Journal of Knowledge Management, 2012, 16 (1): 61-76.

[131] Marvel M. Knowledge acquisition asymmetries and innovation radical-

ness [J]. Journal of Small Business Management, 2012, 50 (3): 447 - 468.

[132] Mckelvie A, Brattstro A. Externally acquired or internally generated? Knowledge development and perceived environmental dynamism in new venture innovation [J]. Entrepreneurship Theory and Practice, 2018, 1 (42): 24 - 46.

[133] Meek W R, Pacheco D F, York J G. The impact of social norms on entrepreneurial action: evidence from the environmental entrepreneurship context [J]. Journal of Business Venturing, 2010, 25 (5): 493 - 509.

[134] Menguc B, Ozanne L, Auh S. The interactive effect of internal and external factors on a proactive environmental strategy and its influence on a firm's performance [J]. Journal of Business Ethics, 2010, 94 (2): 279 - 298.

[135] Michailova S, Zhan W. Dynamic capabilities and innovation in MNC subsidiaries [J]. Journal of World Business, 2015, 50 (3): 576 - 583.

[136] Mitchell V L. Knowledge integration and information technology project performance [J]. Mis Quarterly, 2006, 30 (4): 919 - 939.

[137] Molina - Morales F X, García - Villaverde P M, Parra - Requena G. Geographical and cognitive proximity effects on innovation performance in SMEs: a way through knowledge acquisition [J]. International Entrepreneurship and Management Journal, 2014: 231 - 251.

[138] Muscio A, Nardone G, Stasi A. How does the search for knowledge drive firms' eco - innovation? Evidence from the wine industry [J]. Industry and Innovation, 2017, 24 (3): 298 - 320.

[139] Newbert S L. New firm formation: a dynamic capability perspective [J]. Journal of Small Business Management, 2005, 43 (1): 55 - 77.

[140] Oltra V, Saint Jean M. Sectoral systems of environmental innovation: an application to the French automotive industry [J]. Technological Forecasting and Social Change, 2009, 76 (4): 567 - 583.

[141] Ortiz B, Donate M J, Guadamillas F. Inter - organizational social cap-

ital as an antecedent of a firm's knowledge identification capability and external knowledge acquisition [J]. Journal of Knowledge Management, 2018, 22 (6): 1332 – 1357.

[142] Ortiz B, Donate M J, Guadamillas F. Relationships between structural social capital, knowledge identification capability and external knowledge acquisition [J]. European Journal of Management and Business Economics, 2017, 26 (1): 48 – 66.

[143] Otto P. Dynamics in strategic alliances: a theory on interorganizational learning and knowledge development [J]. International Journal of Information Technologies and Systems Approach, 2012, 5 (1): 74 – 86.

[144] Pane Haden S S, Oyler J D, Humphreys J H. Historical, practical, and theoretical perspectives on green management: an exploratory analysis [J]. Management Decision, 2009, 47 (7): 1041 – 1055.

[145] Papa A, Dezi L, Gregori G L, et al. Improving innovation performance through knowledge acquisition: the moderating role of employee retention and human resource management practices [J]. Journal of Knowledge Management, 2018, 24 (3): 589 – 605.

[146] Paraschiv D M, Nemoianu E L, Langă C A, et al. Eco – innovation, responsible leadership and organizational change for corporate sustainability [J]. Amfiteatru Economic Journal, 2012, 14 (32): 404 – 419.

[147] Parida V, Westerberg M, Frishammar J. Inbound open innovation activities in high – tech SMEs: the impact on innovation performance [J]. Journal of Small Business Management, 2012, 50 (2): 283 – 309.

[148] Park Y, Kim B, Lee S. The effects of alliance governance on knowledge acquisition and alliance performance of Korean firms [J]. Asian Journal of Technology Innovation, 2017, 25 (3): 128 – 146.

[149] Parra – Requena G, Ruiz – Ortega M J, Garcia – Villaverde P M. Social capital and effective innovation in industrial districts: dual effect of absorptive

capacity [J]. Industry and Innovation, 2013, 20 (2): 157 - 179.

[150] Pavlou P A, Sawy O A E L. Understanding the elusive black box of dynamic capabilities [J]. Decision Sciences, 2011, 42 (1): 239 - 273.

[151] Pereira Á, Vence X. Key business factors for eco - innovation: an overview of recent firm - level empirical studies [J]. Cuadernos De Gestión, 2012 (12): 73 - 103.

[152] Peris - Ortiz M, Devece - Carañana C A, Navarro - Garcia A. Organizational learning capability and open innovation [J]. Management Decision, 2018, 56 (6): 1217 - 1231.

[153] Porter M, Van Der Linde C. Green and competitive: ending the stalemate [J]. Harvard Business Review, 1995, 73 (5): 120 - 134.

[154] Presutti M, Boari C, Fratocchi L. Knowledge acquisition and the foreign development of high - tech start - ups: a social capital approach [J]. International Business Review, 2007, 16 (1): 23 - 46.

[155] Prieto I M, Easterby - Smith M. Dynamic capabilities and the role of organizational knowledge: an exploration [J]. European Journal of Information Systems, 2006, 15 (5): 500 - 510.

[156] Przychodzen J, Przychodzen W. Relationships between eco - innovation and financial performance-evidence from publicly traded companies in Poland and Hungary [J]. Journal of Cleaner Production, 2015 (90): 253 - 263.

[157] Qiu L, Wang Y. Green product innovation, green dynamic capability, and competitive advantage: evidence from Chinese manufacturing enterprises [J]. Corporate Social Resonsibility and Environmental Management, 2019, 27 (1): 146 - 165.

[158] Raymond L, St - Pierre J. Strategic capability configurations for the internationalization of SMEs: a study in equifinality [J]. International Small Business Journal, 2013, 31 (1): 82 - 102.

[159] Rehfeld K - M, Rennings K, Ziegler A. Integrated product policy and

environmental product innovations: an empirical analysis [J]. Ecological Economics, 2007, 61 (1): 91 – 100.

[160] Reid A, Miedzinski M. Eco – innovation: final report for sectoral innovation watch [D]. Systematic Eco – Innovation Report, 2008.

[161] Ren S, Eisingerich A B, Tsai H. Search scope and innovation performance of emerging – market firms [J]. Journal of Business Research, 2015, 68 (1): 102 – 108.

[162] Rennings K, Ziegler A, Ankele K, et al. The influence of different characteristics of the EU environmental management and auditing scheme on technical environmental innovations and economic performance [J]. Ecological Economics, 2006, 57 (1): 45 – 59.

[163] Rennings K. Redefining innovation—eco – innovation research and the contribution from ecological economics [J]. Ecological Economics, 2000, 32 (2): 319 – 332.

[164] Rosca E, Arnold M, Bendul A J C. Business models for sustainable innovation—an empirical analysis of frugal products and services [J]. Journal of Cleaner Production, 2016 (162): 133 – 145.

[165] Rothenberg S, Becker M. Technical assistance programs and the diffusion of environmental technologies in the printing industry: the case of SMEs [J]. Business and Society, 2004, 43 (4): 366 – 397.

[166] Roy M, Thérin F. Knowledge acquisition and environmental commitment in SMEs [J]. Corporate Social Resonsibility and Environmental Management, 2008, 15 (4): 249 – 259.

[167] Schiederig T, Tietze F, Herstatt C. Green innovation in technology and innovation management—an exploratory literature review [J]. R&D Management, 2012, 42 (2): 180 – 192.

[168] Schiuma G, Andreeva T, Kianto A. Does knowledge management really matter? Linking knowledge management practices, competitiveness and eco-

nomic performance [J]. Journal of Knowledge Management, 2012, 16 (4): 617 - 636.

[169] Schroeder R G, Bates K A, Junttila M A. A resource - based view of manufacturing strategy and the relationship to manufacturing performance [J]. Strategic Management Journal, 2002, 23 (2): 105 - 117.

[170] Sciences B. Influence of technological assets on organizational performance through absorptive capacity, organizational innovation and internal labour flexibility [J]. Sustainability, 2018, 10 (3): 770.

[171] Shane S. Prior knowledge and the discovery of entrepreneurial opportunities [J]. Organization Science, 2000, 11 (4): 448 - 469.

[172] Sharma S, Vredenburg H. Proactive corporate environmental strategy and the development of competitively valuable organizational capabilities [J]. Strategic Management Journal, 1998, 19 (8): 729 - 753.

[173] Sharma S. Competing for a sustainable world: building capacity for sustainable innovation [M]. New York: Routledge, 2017.

[174] Sheng S, Zhou Z K, Li J J. The effects of business and political ties on firm performance: evidence from China [J]. Journal of Marketing, 2011, 75 (1): 1 - 15.

[175] Shepherd D A, Detienne D R. Prior knowledge, potential financial reward, and opportunity identification [J]. Entrepreneurship Theory and Practice, 2005, 29 (1): 91 - 112.

[176] Shrivastava M, Tamvada J P. Which green matters for whom? Greening and firm performance across age and size distribution of firms [J]. Small Business Economics, 2017, 52 (4): 951 - 968.

[177] Shu C, Zhou K Z, Xiao Y, et al. How green management influences product innovation in China: the role of institutional benefits [J]. Journal of Business Ethics, 2016, 133 (3): 471 - 485.

[178] Simpson M, Taylor N, Barker K. Environmental responsibility in

SMEs: does it deliver competitive advantage? [J]. Business Strategy and the Environment, 2004, 13 (3): 156 – 171.

[179] Subramaniam M, Youndt M A. The influence of intellectual capital on the types of innocative capabilities [J]. Academy of Management Journal, 2005, 48 (3): 450 – 463.

[180] Sullivan D M, Marvel M R. Knowledge acquisition, network reliance, and early – stage technology venture outcomes [J]. Journal of Management Studies, 2011, 48 (6): 1169 – 1193.

[181] Sánchez – Medina P S, Díaz – Pichardo R, Bautista – Cruz A, et al. Environmental compliance and economic and environmental performance: evidence from handicrafts small businesses in Mexico [J]. Journal of Business Ethics, 2013, 126 (3): 381 – 393.

[182] Teece D J, Pisano G, Shuen A. Dynamic capabilities and strategic management [J]. Strategic Management Journal, 1997, 18 (7): 509 – 533.

[183] Teece D J. Explicating dynamic capabilities: The nature and microfoundations of (sustainable) enterprise performance [J]. Strategic Management Journal, 2007, 28 (13): 1319 – 1350.

[184] Thoumy M, Vachon S. Environmental projects and financial performance: exploring the impact of project characteristics [J]. International Journal of Production Economics, 2012, 140 (1): 28 – 34.

[185] Tsang E W K. Acquiring knowledge by foreign partners from international joint ventures in a transition economy: learning – by – doing and learning myopia [J]. Strategic Management Journal, 2002, 23 (9): 835 – 854.

[186] Tseng M L, Wang R, Chiu A S F, et al. Improving performance of green innovation practices under uncertainty [J]. Journal of Cleaner Production, 2013 (40): 71 – 82.

[187] Uhlaner L M, Berent – Braun M M, Jeurissen R J M, et al. Beyond size: predicting engagement in environmental management practices of Dutch SMEs

[J]. Journal of Business Ethics, 2012, 109 (4): 411 - 429.

[188] Ulibarri N. Tracing process to performance of collaborative governance: a comparative case study of federal hydropower licensing [J]. Policy Studies Journal, 2015, 43 (2): 283 - 308.

[189] Utterback J M, Abernathy W J. A dynamic model of process and product innovation [J]. Omega, 1975, 3 (6): 639 - 656.

[190] Van Hoof B. Organizational learning in cleaner production among Mexican supply networks [J]. Journal of Cleaner Production, 2014 (64): 115 - 124.

[191] Verona G, Ravasi D. Unbundling dynamic capabilities: An exploratory study of continuous product innovation [J]. Industrial and Corporate Change, 2003, 12 (3): 577 - 606.

[192] Wach K, Głodowska A. Entrepreneurial orientation, knowledge utilization and internationalization of firms [J]. Sustainability, 2018, 10 (12): 4711.

[193] Wang C L, Senaratne C, Rafiq M. Success traps, dynamic capabilities and firm performance [J]. British Journal of Management, 2015, 26 (1): 26 - 44.

[194] Wang J, Xue Y, Sun X, et al. Green learning orientation, green knowledge acquisition and ambidextrous green innovation [J]. Journal of Cleaner Production, 2020, 250 (3): 119475. 1 - 119475. 10.

[195] Weng M - H, Lin C - Y. Determinants of green innovation adoption for Small and Medium - Size Enterprises (SMES) [J]. African Journal of Business Management, 2011, 5 (22): 9154 - 9163.

[196] Wernerfelt B. A resource - based view of the firm [J]. Strategic Management Journal, 1984, 5 (6): 171 - 180.

[197] Wiklund J, Shepherd D. Knowledge - based resources, entrepreneurial orientation, and the performance of small and medium - sized businesses [J]. Strategic Management Journal, 2003, 24 (13): 1307 - 1314.

[198] Winter S G. Understanding dynamic capabilities [J]. Strategic Management Journal, 2003, 24 (10): 991 - 995.

[199] Worthington I, Patton D. Strategic intent in the management of the green environment within SMEs: an analysis of the UK screen - printing sector [J]. Long Range Planning, 2005, 38 (2): 197 - 212.

[200] Wu L - Y. Applicability of the resource - based and dynamic - capability views under environmental volatility [J]. Journal of Business Research, 2010, 63 (1): 27 - 31.

[201] Wu L - Y. Entrepreneurial resources, dynamic capabilities and start - up performance of Taiwan's high - tech firms [J]. Journal of Business Research, 2007, 60 (5): 549 - 555.

[202] Xavier A F, Naveiro R M, Aoussat A, et al. Systematic literature review of eco - innovation models: opportunities and recommendations for future research [J]. Journal of Cleaner Production, 2017 (149): 1278 - 1302.

[203] Xie X, Huo J, Zou H. Green process innovation, green product innovation, and corporate financial performance: a content analysis method [J]. Journal of Business Research, 2019 (101): 697 - 706.

[204] Xie X, Wang L, Zeng S. Inter - organizational knowledge acquisition and firms' radical innovation: a moderated mediation analysis [J]. Journal of Business Research, 2018 (90): 295 - 306.

[205] Xing X, Liu T, Shen L, et al. Linking environmental regulation and financial performance: the mediating role of green dynamic capability and sustainable innovation [J]. Sustainability, 2020, 12 (3).

[206] Yam R C M, Lo W, Tang E P Y, et al. Analysis of sources of innovation, technological innovation capabilities, and performance: an empirical study of Hong Kong manufacturing industries [J]. Research Policy, 2011, 40 (3): 391 - 402.

[207] Yang T, Xun J, He X. British SMEs' e - commerce technological in-

vestments and firm performance: an RBV perspective [J]. Technology Analysis and Strategic Management, 2015, 27 (5): 586 - 603.

[208] Yang Z, Wei T. Foreign ownership and external knowledge acquisition: a comparison between international subsidiaries and local firms in China [J]. International Studies of Management and Organization, 2019, 49 (2): 151 - 172.

[209] Yli - Renko H, Autio E, Sapienza H J. Social capital, knowledge acquisition, and knowledge exploitation in young technology - based firms [J]. Strategic Management Journal, 2001, 22 (6/7): 587 - 613.

[210] Yoon B, Shin J, Lee S. Open innovation projects in SMEs as an engine for sustainable growth [J]. Sustainability, 2016, 8 (2): 146.

[211] Yu W, Ramanathan R, Nath P. Environmental pressures and performance: an analysis of the roles of environmental innovation strategy and marketing capability [J]. Technological Forecasting & Social Change, 2016 (117): 160 - 169.

[212] Zacca R, Dayan M. Linking managerial competence to small enterprise performance within the dynamic capability logic [J]. Journal of Small Business and Enterprise Development, 2018, 25 (2): 256 - 276.

[213] Zahra S A, George G. Absorptive capacity: a review, reconceptualization, and extension [J]. Academy of Management Review, 2002, 27 (2): 185 - 203.

[214] Zahra S A, Sapienza H J, Davidsson P. Entrepreneurship and dynamic capabilities: a review, model and research agenda [J]. Journal of Management Studies, 2006, 43 (4): 917 - 955.

[215] Zhang D, Rong Z, Ji Q. Green innovation and firm performance: evidence from listed companies in China [J]. Resources, Conservation and Recycling, 2019 (144): 48 - 55.

[216] Zhang Y, Peng Y, Ma C, et al. Can environmental innovation facilitate carbon emissions reduction? Evidence from China [J]. Energy Policy, 2017

(100): 18-28.

[217] Zhang Y, Wei J, Zhu Y, et al. Untangling the relationship between corporate environmental performance and corporate financial performance: the double-edged moderating effects of environmental uncertainty [J]. Journal of Cleaner Production, 2020, 263 (8) 121584.1-121584.11.

[218] Zheng K, Zhang Q, Sheng S, et al. Are relational ties always good for knowledge acquisition? Buyer-supplier exchanges in China [J]. Journal of Operations Management, 2014, 32 (3): 88-98.

[219] Zheng S, Zhang W, Wu X, et al. Knowledge-based dynamic capabilities and innovation in networked environments [J]. Journal of Knowledge Management, 2011, 15 (6): 1035-1051.

[220] Zhou Y, Hong J, Zhu K, et al. Dynamic capability matters: uncovering its fundamental role in decision making of environmental innovation [J]. Journal of Cleaner Production, 2018 (177): 516-526.

[221] Zhou K Z, Bingxin L C. How knowledge affects radical innovation: knowledge base, market knowledge acquisition, and internal knowledge sharing [J]. Strategic Management Journal, 2012 (33): 1190-1102.

[222] Zhu Q, Sarkis J, Lai K H. Green supply chain management innovation diffusion and its relationship to organizational improvement: an ecological modernization perspective [J]. Journal of Engineering and Technology Management, 2012, 29 (1): 168-185.

[223] Zhu Q, Sarkis J. Relationships between operational practices and performance among early adopters of green supply chain management practices in Chinese manufacturing enterprises [J]. Journal of Operations Management, 2004 (22): 265-289.

[224] Zollo M, Winter S G. Deliberate learning and the evolution of dynamic capabilities [J]. Organization Science, 2002, 13 (3): 339-351.

[225] 毕克新，王禹涵，杨朝均．创新资源投入对绿色创新系统绿色创新

能力的影响：基于制造业 FDI 流入视角的实证研究［J］. 中国软科学，2014（3）：153－166.

［226］曹翠珍，赵国浩．资源型企业绿色创新、绿色动态能力与竞争优势的实证检验［J］. 统计与决策，2017，6（43）：135－146.

［227］曹翠珍．资源型企业绿色创新与竞争优势研究［D］. 太原：山西财经大学，2015.

［228］曹洪军，陈泽文．内外环境对企业绿色创新战略的驱动效应：高管环保意识的调节作用［J］. 南开管理评论，2017，20（6）：95－103.

［229］陈怀超，侯佳雯，张晶，等．外部知识获取对企业营销绩效的影响研究［J］. 软科学，2019，33（6）：1－6.

［230］陈柔霖，田虹．组织环境认同对企业绿色竞争优势的影响研究［J］. 科学学研究，2019，37（2）：329－337.

［231］陈泽文，陈丹．新旧动能转换的环境不确定性背景下高管环保意识风格如何提升企业绩效［J］. 2019，40（16）：113－128.

［232］崔海云，魏国辰．创新网络嵌入、外部知识获取与物流企业市场绩效关系［J］. 中国流通经济，2017，31（1）：41－47.

［233］董保宝，葛宝山，王侃．资源整合过程、动态能力与竞争优势：机理与路径［J］. 管理世界，2011（3）：92－101.

［234］董颖，石磊．生态创新的内涵、分类体系与研究进展［J］. 生态学报，2010，30（9）：2465－2474.

［235］范春雨．高管团队教育背景、企业社会责任信息披露与财务绩效的关系研究［D］. 西安：西安建筑科技大学，2019.

［236］范钧，郭立强，聂津君．网络能力、组织隐性知识获取与突破性创新绩效［J］. 科研管理，2014，35（1）：16－24.

［237］方孝娟．制造业上市公司环境信息披露水平、环境绩效与财务绩效研究［D］. 合肥：安徽大学，2013.

［238］冯军政，魏江．国外动态能力维度划分及测量研究综述与展望［J］. 外国经济与管理，2011，33（7）：26－33.

［239］高展军，王龙伟，陈锋．市场导向与联盟控制对知识获取的影响研究［J］．科学学与科学技术管理，2012，33（1）：69－76.

［240］耿紫珍，刘新梅，杨晨辉．战略导向，外部知识获取对组织创造力的影响［J］．南开管理评论，2012，15（4）：15－27.

［241］贺小刚，李新春，方海鹰．动态能力的测量与功效：基于中国经验的实证研究［J］．管理世界，2006（3）：94－113.

［242］侯光文，薛惠锋．集群网络关系、知识获取与协同创新绩效［J］．科研管理，2017，38（4）：1－9.

［243］黄晓杏，胡振鹏，傅春，等．绿色创新战略对企业绩效的影响机理——基于绿色动态能力的中介效应［J］．科技进步与对策，2015，32（17）：104－109.

［244］简兆权，陈键宏，王晨．政治和商业关联，知识获取与组织创新关系研究［J］．科研管理，2014，35（10）：17－25.

［245］江旭，高山行，廖貅武．外部知识获取、新产品开发与企业绩效关系的实证研究［J］．研究与发展管理，2008，20（5）：72－77.

［246］焦豪，魏江，崔瑜．企业动态能力构建路径分析：基于创业导向和组织学习的视角［J］．管理世界，2008（4）：91－106.

［247］解学梅，王若怡，霍佳阁．政府财政激励下的绿色工艺创新与企业绩效：基于内容分析法的实证研究［J］．管理评论，2020，32（5）：109－124.

［248］解学梅，王若怡，霍佳阁．政府财政激励下的绿色工艺创新与企业绩效：基于内容分析法的实证研究［J］．管理评论，2015，32（5）：31.

［249］金昕，陈松．知识源战略、动态能力对探索式创新绩效的影响：基于知识密集型服务企业的实证［J］．科研管理，2015，36（2）：32－40.

［250］景娜娜．人力资本、区域科技环境与高科技企业绩效的关系研究［D］．南昌：江西财经大学，2019.

［251］李柏洲，周森．企业外部知识获取方式与转包绩效关系的研究：以航空装备制造企业为例［J］．科学学研究，2012，30（10）：1564－1572.

［252］李纲，陈静静，杨雪．网络能力、知识获取与企业服务创新绩效的

关系研究 [J]. 管理评论, 2017, 29 (2): 59-68.

[253] 李杰义, 张汞, 谢琳娜. 环境知识学习、绿色创新行为与环境绩效 [J]. 科技进步与对策, 2015, 3 (2): 54-67.

[254] 李金波. 环保投资、技术创新对企业绩效的协同影响研究 [D]. 太原: 山西大学, 2019.

[255] 李文文. 外部知识获取、动态能力与企业创新绩效的关系 [D]. 太原: 山西财经大学, 2018.

[256] 李先江. 新服务企业绿色创业导向、绿色动态能力与企业成长的关系 [J]. 财经论坛, 2014 (2): 79-84.

[257] 李香菊, 贺娜. 地区竞争下环境税对企业绿色技术创新的影响研究 [J]. 中国人口·资源与环境, 2018, 28 (9): 73-81.

[258] 李旭. 绿色创新相关研究的梳理与展望 [J]. 研究与发展管理, 2015, 27 (2): 1-11.

[259] 林萍. 企业资源、动态能力对创新作用的实证研究 [J]. 科研管理, 2012, 33 (10): 72-79.

[260] 刘小娟, 邓春平, 王国锋, 等. 基于角色重载与知识获取的 IT 员工跨边界活动对工作满意度的影响 [J]. 管理学报, 2015, 12 (9): 1402-1412.

[261] 刘学元, 刘璇, 赵先德. 社会资本、知识获取与创新绩效: 基于供应链视角 [J]. 科技进步与对策, 2016, 33 (4): 119-126.

[262] 马鸿佳, 董保宝, 葛宝山. 创业能力、动态能力与企业竞争优势的关系研究 [J]. 科学学研究, 2014, 32 (3): 431-440.

[263] 马媛, 侯贵生, 尹华. 企业绿色创新驱动因素研究 [J]. 科学学与科学技术管理, 2016, 37 (4): 98-105.

[264] 潘楚林, 田虹. 环境领导力、绿色组织认同与企业绿色创新绩效 [J]. 管理学报, 2017, 14 (6): 832-841.

[265] 潘楚林. 前瞻型环境战略对企业可持续竞争优势的影响研究 [D]. 长春: 吉林大学, 2017.

[266] 庞婷．环境导向与竞争优势：绿色创新的中介作用 [D]．西安：西安理工大学，2019.

[267] 彭露西．基于纵向一体化的城市轨道交通企业绩效评价研究 [D]．北京：北京交通大学，2019.

[268] 彭雪蓉．利益相关者环保导向、生态创新与企业绩效：组织合法性视角 [D]．杭州：浙江大学，2014.

[269] 舒成利，胡一飞，江旭．战略联盟中的双元学习、知识获取与创新绩效 [J]．研究与发展管理，2015，27（6）：97－106.

[270] 王伏虎．知识获取、吸收能力对高新技术企业创新能力影响研究 [D]．镇江：江苏大学，2017.

[271] 王海芳，祖楠楠，张笑愚．绿色 IS 战略、绿色动态能力和融资绩效关系研究 [J]．湖北经济学院学报，2020，17（4）：21－25.

[272] 王瀚轮，尹苗苗，蔡莉．新创企业社会网络对知识获取的影响研究 [J]．情报科学，2011，29（3）：369－382.

[273] 王建刚，吴洁，张青，等．基于竞争优势的知识流、知识创新与动态能力关系研究 [J]．情报杂志，2012，31（2）：114－119.

[274] 王菁娜，冯素杰．知识管理视角下的动态能力构成维度研究 [J]．科学管理研究，2009，27（6）：71－74.

[275] 王黎唯．外部学习、突破性创新与企业绩效关系研究 [D]．昆明：云南财经大学，2019.

[276] 王涛，陈金亮，沈孟如．外部知识获取与内部知识创造的融合 [J]．经济与管理研究，2019，40（7）：90－101.

[277] 王雪原，马维睿．知识管理对制造企业绩效的影响研究 [J]．科学学研究，2018（12）：2223－2232.

[278] 王永健，谢卫红．转型环境下管理者关系对企业绩效的影响研究 [J]．管理科学，2015，28（6）：39－49.

[279] 韦于莉．知识获取研究 [J]．情报杂志，2004（4）：41－43.

[280] 武梦超，李随成，王玮．外部知识获取与新产品开发绩效：资源

协奏与信息处理的视角［J］. 预测, 2019, 38（5）: 1－8.

［281］邢丽云, 俞会新. 环境规制对企业绿色创新的影响：基于绿色动态能力的调节作用［J］. 华东经济管理, 2019, 33（10）: 20－26.

［282］邢丽云, 俞会新. 绿色动态能力对企业环境创新的影响研究［J］. 软科学, 2020（6）: 26－32.

［283］邢丽云, 俞会新. 企业绿色创新驱动因素的跨层次分析：以建筑企业为例［J］. 技术经济, 2018, 37（11）: 49－56.

［284］熊捷, 孙道银. 企业社会资本、技术知识获取与产品创新绩效关系研究［J］. 管理评论, 2017, 29（5）: 23－39.

［285］徐宁, 徐鹏, 吴创. 技术创新动态能力建构及其价值创造效应［J］. 科学学与科学技术管理, 2014, 35（8）: 125－134.

［286］杨菲. 企业知识积累与企业创新关系研究［D］. 西安：西北大学, 2018.

［287］杨静, 施建军, 刘秋华. 学习理论视角下的企业生态创新与绩效关系研究［J］. 管理学报, 2015, 12（6）: 865－872.

［288］弋亚群, 谷盟, 刘怡, 等. 动态能力、双元学习与新产品开发绩效［J］. 科研管理, 2018, 39（1）: 74－81.

［289］尹建华, 王森, 弓丽栋. 重污染企业环境绩效与财务绩效关系研究：企业特征与环境信息披露的联合调节效应［J］. 科研管理, 2020, 41（5）: 202－212.

［290］余红剑, 喻静娴, 王沁莹. 企业知识获取国内研究述评与展望［J］. 浙江工贸职业技术学院学报, 2017, 17（2）: 91－96.

［291］曾德明, 曾雅兰, 邹思明. 知识获取策略对企业绩效的影响：知识基础的调节作用［J］. 科学学与科学技术管理, 2015, 36（9）: 31－39.

［292］曾江洪, 刘诗绮, 李佳威. 多元驱动的绿色创新对企业经济绩效的影响研究［J］. 工业技术经济, 2020, 315（1）: 13－22.

［293］曾泮. 知识创新、动态能力与组织绩效的关系研究［J］. 科学学研究, 2009, 27（8）: 1271－1280.

[294] 张保仓，任浩．虚拟组织知识资源获取对持续创新能力的作用机制研究［J］．管理学报，2018，15（7）：1009－1017.

[295] 张钢，张小军．国外绿色创新研究脉络梳理与展望［J］．外国经济与管理，2011，47（6）：25－32.

[296] 张钢，张小军．企业绿色创新战略的驱动因素：多案例比较研究［J］．浙江大学学报（人文社会科学版），2014，44（1）：113－125.

[297] 张伟，郭立宏，张武康．企业经营创新、动态能力与竞争优势关系研究［J］．科技进步与对策，2018，35（17）：91－99.

[298] 郑俊圭．在华韩资企业社会责任影响因素及其与企业绩效关系的实证研究［D］．上海：上海交通大学，2019.

[299] 郑晓明，丁玲，欧阳桃花．双元能力促进企业服务敏捷性：海底捞公司发展历程案例研究［J］．管理世界，2012（2）：131－148.